COLLÉGIENS
CASSE-COUILLES

Direction éditoriale : Stéphane Chabenat

Éditrice : Coralie Delvigne

Conception graphique et mise en page :
Florence Cailly

Conception graphique de la couverture : olo.éditions

Illustrations : Samuel Rimbaut

Les Éditions **de l'Opportun**
16, rue Dupetit-Thouars
75003 Paris
www.editionsopportun.com

PATRICE ROMAIN

COLLÉGIENS CASSE-COUILLES

Du même auteur, aux éditions de l'Opportun :

Inspecteurs casse-couilles, 2020
Uber hits (coécrit avec S. Chopin et S. Dammaretz), 2019
Secrets de palaces (coécrit avec S. Chopin), 2017

Chez d'autres éditeurs :

Requiem pour l'Éducation nationale, le Cherche-Midi, 2021
Chasse à l'homme (coécrit avec J. Calri et S. Chopin), Max Milo, 2020
Un principal ne devrait pas dire ça, City, 2019
Quand un proviseur se lâche, le Cherche-Midi, 2017
Pédagofreak, L'Éditeur, 2016
Recto Verso, Michel Lafon, 2015
Nos chers petits, Flammarion, 2015
Mots d'excuse, l'intégrale, Michel Lafon, 2014
Journal de bord d'un directeur d'école, J'ai lu, 2014
Chroniques d'un pompier volontaire, François Bourin, 2012

À ma famille :

la Clo, la crevette (et son Ulysse), Titi

et la petite princesse noctambule…

Avant-propos

« Je suis jeune il est vrai,
mais aux âmes bien nées
La valeur n'attend pas
le nombre des années ! »
Pierre Corneille, *Le Cid*

Ah, les collégiens… Ces jouvenceaux remplis de certitudes devant les adultes, mais si fragiles au fond d'eux-mêmes !

Mon expérience dans le domaine privé est modeste : en tant que papa, je n'en ai côtoyé de près que deux spécimens. Par contre, du fait de mon métier – principal de collège –, j'en ai vu défiler quelques milliers, tous plus attachiants les uns que les autres.

Même si je les ai souvent plaisantés, je me suis toujours appliqué à leur prêter une oreille attentive. Et pas seulement parce que ce sont eux qui, aujourd'hui, paient ou paieront ma retraite. Car leurs réparties, qu'elles fussent drôles ou tragiques, me renvoyaient l'image de la société, loin d'être idéale, que nous les vieux schnocks – comprendre les « plus de trente ans » – leur avons léguée.

De l'élève de 6e le jour de la rentrée…

Bien coiffé et récuré à fond – signes extérieurs de l'inquiétude maternelle –, perdu au milieu de la cour, dans ses petits souliers neufs, souffrant de la comparaison physique avec les ados de 3e post-pubères ; qui, une fois seul dans mon bureau, se livrait sans détour ni artifice, relatant, décrivant et racontant sans aucun filtre – si ses parents s'étaient doutés, ils se seraient montrés un peu plus discrets devant lui et/ou un peu moins sûrs d'eux devant moi !

… à l'élève de 3e…

Patron incontesté du self, des couloirs et du local du foyer socio-éducatif, il aura gardé un souvenir impérissable de son année scolaire. Le DNB[1] en poche dès septembre – c'est *l'Éducation bienveillante* –, le futur lycéen consacrait son temps à l'essentiel : le foot, les jeux vidéo, les people, les réseaux sociaux, la téléréalité… et bien sûr les premiers émois amoureux. Comprenant peu à peu le fonctionnement du monde qui l'entourait, revendiquant un statut d'adulte, il devenait plus rusé, parfois plus retors. Mais j'appréciais nos discussions post-crise, une fois qu'il s'était calmé, et la confiance qu'il m'accordait en se livrant à des confidences…

… en passant par le collégien de 5e ou de 4e.

Les filles affirmaient leur féminité naissante par leur style vestimentaire et obtenaient parfois le droit de se maquiller. Les garçons arboraient un léger duvet au-dessus des lèvres et se mettaient à parler en alternant les graves et les aigus. Pataud dans sa carcasse qui grandissait trop vite, le prototype jouait

1. Diplôme national du brevet.

au grand, commençant à sortir – et à se faire – les griffes, mais avait encore du mal à retenir des paroles ou des gestes spontanés issus tout droit de sa plus tendre enfance.

Deux sortes d'élèves atterrissaient dans mon antre directorial.

1. Les collégiens volontaires et déterminés qui s'exprimaient spontanément.

2. Ceux qui s'étaient fait prendre par la patrouille et qui, accompagnés par un assistant d'éducation, subissaient mon ire moralisatrice.

Par respect de la parole donnée – « *Ce qui se dit dans mon bureau n'en sort pas.* » –, j'ai attendu d'être à la retraite pour publier ce recueil. Les réactions des potaches que vous allez lire s'étalent donc sur une vingtaine d'années. Ainsi, ce petit « dictionnaire pertinent des collégiens impertinents » – ou inversement – a la prétention de refléter fidèlement les préoccupations des ados de ce début de XXIe siècle…

Enfin, à savoir…

1. Tous les personnages cités dans cet ouvrage sont des professeurs. Par respect pour eux, je leur ai inventé des patronymes… Non sans un certain plaisir, je l'avoue.

2. Pour les insultes anonymes, les suggestions ou, éventuellement, les critiques positives, mon mail : *patrice.romain@hotmail.fr* ;

3. Pour en savoir plus sur mes autres élucubrations, mon site web :

https://patrice-romain-60.webself.net/accueil.

Bonne lecture !

Patrice ROMAIN

A

comme…

Absence

Ève (6e), fille de parents adeptes du ski hors période scolaire :

« Monsieur, je ne serai pas là la semaine prochaine, mais ma mère elle ne veut pas écrire de mot parce qu'elle ne veut pas se retrouver dans votre prochain livre[2] *! »*

---

2. Allusion à *Mots d'excuse, l'intégrale*, paru chez Michel Lafon.

Accident

En arrivant au collège à pied, Guylain (5e) s'est très légèrement fait heurter par la voiture d'un professeur. Il me raconte sa mésaventure et conclut en parlant de l'enseignant :

« Boire ou conduire, il a pas su choisir ! »

Admiration

Sidonie (5e), geste enthousiaste à l'appui :

« Le prof de techno, il a la technique ! »

❋

Après plusieurs mois d'observation, Emmanuelle (5e) constate :

« Les professeurs, on dirait pas, mais ils sont plus solides que nous, parce qu'on n'en voit jamais qui viennent au collège avec des béquilles ! »

Zoé (4e) attend devant l'infirmerie. Je m'enquiers de sa santé :

« Que se passe-t-il ? Tu es malade ?

— J'ai mal au ventre, mais je peux pas vous dire pourquoi parce que c'est un truc de filles. »

Moi, blasé :

« Ah ! Tu as tes règles ! »

Zoé, sidérée :

« Comment vous avez deviné ? »

⁂

Face à Houda (4e), désormais moins hautaine, je termine mon homélie en brandissant l'épais Code pénal que j'ai consulté juste avant notre entretien :

« Bref, aux yeux de la loi française, tu risques 75 000 euros d'amende et cinq ans de prison ! »

Ma leçon semble porter ses fruits : la collégienne est sacrément impressionnée. Mais pas par ma conclusion. Elle écarquille les yeux et balbutie :

« Vous… Vous connaissez le livre par cœur ? »

Affabulateur

Les viennoiseries destinées à l'inspecteur qui doit venir aujourd'hui ont disparu. Soupçonnant fortement Augustin (4e), lequel vient d'effectuer une heure de retenue dans la salle où elles étaient entreposées, de s'être régalé avec, je lui demande de frotter ses doigts sur une feuille de papier. La feuille porte des traces de gras. Explication du gourmet/gourmand :

« C'est parce que je suis en sueur ! Vous me stressez ! »

Aide (demande d')

Amenés par un assistant d'éducation, deux belligérants de 6e bien amochés me choisissent comme juge de paix :

« Il m'a traité de gros, alors moi je l'ai traité de roux, et on s'est battus. C'est qui qu'a raison, m'sieur ? »

❋

Le délégué des 5e B, fait irruption dans mon bureau sans frapper. Tel Philippidès après la bataille de Marathon, il ahane, affolé mais fier d'avoir accompli sa mission :

« Monsieur ! Vite ! Madame Kicrack, elle voudrait que vous montiez dans notre classe !... Elle n'arrive plus à nous gérer ! »

Aide (proposition d')

Tahar (5e), toujours dans les histoires, m'est reconnaissant :

« Mon père, il vous remercie de m'avoir défendu et il a dit que si vous avez des problèmes dans le quartier, vous pourrez me le dire et je le dirai à mon grand frère. »

⁂

Harry (3e), bilingue et altruiste, m'offre ses services le plus sérieusement du monde :

« Monsieur, si vous voulez, je peux faire cours à la place de madame Fèblarde. Parce qu'elle a vraiment pas le niveau, et les autres de la classe, ils ont besoin de progresser en anglais... »

...ET LE PROCHAIN QUI VOUS EMBÊTE, JE LUI FERAI UNE PROPOSITION QU'IL NE POURRA PAS REFUSER.
-SAM-

Aide (refus d')

Louane (4e), trouvant mon intervention inutile, m'interrompt alors que je commence à l'admonester :

« J'ai pas besoin de psy, j'en ai déjà un ! »

❋

Air pur

Agathe (3e) ne décolère pas :

« Vous vous rendez compte ? La prof me vire juste parce que je lui propose un bonbon !

— Ça m'étonnerait que ce soit la seule raison, Agathe... Quel genre de bonbon ?

— Ben... Un Tic Tac à la menthe... C'est pour avoir une bonne haleine ! »

Alcool

Sébastien (4e) me raconte son week-end :

« Ouh là là !... Je me suis bourré la gueule, faut voir ! J'ai encore envie de dormir ! »

❋

8 h 30. Malgré ses yeux brillants et sa démarche chaloupée, Tony (4e) se défend d'être dans un état second :

« Promis m'sieur, c'est vrai ! Hier, j'assume, j'ai bu. Mais ce matin, je suis clean ! »

❋

Afin de fêter dignement son anniversaire – mais discrètement, dans un coin de la cour, lors de la pause méridienne –, Félix (3e) a apporté du whisky et de la vodka. Il trouve que je ne retiens que le côté négatif de sa délicate attention :

« Mais j'avais aussi apporté du Coca pour ceux qui ne boivent pas d'alcool ! »

Ambiance familiale

Vendredi soir, sortie des cours. Aurélien (6e) me salue :

« Au revoir monsieur !

— Au revoir Aurélien ! Bon week-end à toi !

— Bof... Ça m'étonnerait qu'il soit bon : je vais chez mon père et ma belle-mère numéro quatre, alors... »

❋

Gwendoline (5e) est systématiquement en retard. Mais elle a une excuse en béton :

« À la maison, je n'ai pas le droit de mettre le réveil ni d'allumer, sinon ça réveille mes parents et je m'en prends une ! »

❋

Hafid (5e) et sa mère sont assis côte à côte de l'autre côté de mon bureau et me font face. J'évoque les nombreux problèmes de comportement du rejeton. La responsable légale m'interrompt régulièrement avec véhémence pour défendre son fils qui se sait indéfendable. Ce dernier, perdant patience, se tourne vers elle et la recadre :

« Mais ferme ta gueule, un peu ! »

❋

16 h. Lydia (5e) commence son heure de retenue. 16 h 30. Sa mère, inquiète, appelle : elle a demandé par écrit dans le carnet de liaison un report de la punition pour cause de rendez-vous avec son éducatrice et son psychologue, et sa fille n'est toujours pas rentrée à la maison. Je convoque aussitôt Lydia et lui demande pourquoi elle ne m'a pas montré le mot de sa maman. Réponse lapidaire et sans appel :

« Parce que je préférais être collée. Et vous auriez fait pareil si chez vous c'était comme chez moi. »

Dolorès (4e) m'annonce d'un ton las :

« Hier, ma mère a encore piqué une crise et les pompiers l'ont encore emmenée à l'hôpital. Elle m'a encore dit qu'elle allait mourir. Mais à force, un jour ou l'autre, ça va bien finir par arriver ! »

❋

« Monsieur, qu'est-ce qu'on risque si on insulte quelqu'un ? Mais en dehors du collège, hein !

— Tu me poses une colle, Stanislas. De toute façon, il vaut mieux éviter : c'est interdit par la loi et on doit régler ses problèmes d'une autre manière !

— Et on peut porter plainte à la place de quelqu'un ?

— Hou là ! Toi, tu me caches des choses. Que se passe-t-il ?

— Ben, mon père, il a traité ma mère de salope. Alors, je voudrais pas qu'il recommence mais je voudrais pas non plus qu'il aille en prison ! »

Amour

Gaspard (6e), sourire béat :

« Monsieur ? Vous n'auriez pas une idée de cadeau pour la Saint-Valentin ? Parce que je suis en couple et je ne sais pas quoi offrir à mon amoureuse ! »

❋

Delphine (6e) a le moral dans les chaussettes :

« C'est parce que je sors avec Benjamin, mais je me suis aperçue qu'il était asexué. »

❋

Enzo (5e) est inconsolable. Après cinq minutes de pleurs quasi ininterrompus, il me donne enfin la raison de son immense chagrin :

« Je suis amoureux de Pauline, mais pas elle ! »

❋

Hugues (4e) m'explique l'origine de son embrouille avec plusieurs copains :

« C'est parce qu'ils n'ont pas accepté que je me mette en couple avec Aurélie ! »

⁂

Frédéric me demande confirmation du bruit qui court dans la 3e C :

« Monsieur ! C'est vrai qu'Hugo et Solène[3]*, ils se sont pacsés ? »*

⁂

Même si c'est de leur âge, je reproche à Mathilde et Philibert, tous deux en 3e, leur attitude trop équivoque durant les récréations. Philibert balance alors :

« Ouais ben c'est rien par rapport à monsieur Bogosse et madame Getrompe sur le parking des profs ! Et vous leur dites rien ! »

⁂

3. Camarades de classe.

Je réprimande Anne et Bertrand, que je trouve un peu trop souvent « collé-serré » au vu et au su de tout le monde. Bertrand (3e) a pitié de mon ignorance. Il me donne un cours d'éducation sexuelle :

« Mais monsieur ! On fait ça juste avec la langue ! On peut pas faire d'enfant ! »

Petit miracle : cela fait déjà un mois que Davy (3e) n'a pas été exclu de cours. Je le félicite pour l'amélioration de son attitude. Faussement modeste, il m'explique doctement :

« C'est normal, m'sieur ! Maintenant, j'ai une copine ! Je suis plus un gamin ! »

Amour (maternel)

Géraldine (6e), au lendemain de la fête des Mères :

« Ma mère, je la déteste ! Elle ne sait pas s'occuper de moi ! Il faut toujours que je lui dise ce qu'elle doit faire ! »

⁂

Sylvaine (5e), fataliste :

« Ma mère, elle a accouché de moi, et ensuite, je ne l'ai plus intéressée... »

Amour (par procuration)

Fatima (3e), prévoyante, anticipe :

« Mon père, il veut absolument me marier. Alors, si un jour je suis pas au collège, il faut tout de suite prévenir la police ! »

❋

Sybel (3e) s'effondre en pleurs :

« Monsieur ! Il faut que vous m'aidiez ! Mon père m'a fiancée ! »

Anatomie

Logan (4e) m'apostrophe :

« Monsieur ! Ernest, il a dit que j'avais une petite bite !

— Sois plus intelligent que lui : ne réponds pas à ce genre de stupidités...

— Oui mais c'est la honte, devant les filles ! »

Anniversaire

Ambre (6e), totalement désabusée :

« Mes parents, ils m'avaient promis de ne pas se disputer le jour de mon anniversaire. Eh bien ! même ça, ils n'y sont pas arrivés ! »

Antipathie

8 h 30. Dans la cour, je presse quelques retardataires :

« Allez les gars, on se dépêche ! Votre classe est déjà dans l'escalier ! »

Brice (6e), aussi joyeux qu'un condamné à mort :

« Ah, m'sieur… Je préfère encore aller à la messe plutôt que d'aller au cours de madame Tutandore ! »

❋

Portail du collège, lundi, 8 h 20. Vanessa (5e) :

« Moi, je déteste le lundi. C'est le début de la semaine et en plus, j'ai que des profs que j'aime pas ! »

❋

Aya (4e) me supplie :

« Monsieur, est-ce que je peux faire de l'espagnol l'année prochaine ?

— Ah non, ce n'est pas possible ! Une fois qu'on a commencé une deuxième langue, on ne peut plus en changer avant le lycée ! Mais pourquoi donc ?

— J'en peux plus, de monsieur Teuton[4]*, monsieur ! Maintenant, je comprends mieux pourquoi il y a eu les guerres mondiales ! »*

Appliqué

Loana (6e), élève signalée « en difficulté » par les collègues du primaire :

« Monsieur, on a le droit d'acheter des cahiers à grands carreaux ? Les profs, ils nous demandent des petits carreaux, mais moi je sais pas écrire dessus ! »

4. Professeur d'allemand.

Argent

Ulysse (4e), visiblement affecté :

« Monsieur ? Est-ce que je peux payer la photo de classe avec mon argent ? Parce que mes parents, ils sont en train de divorcer et ils se battent pour ne pas payer ! »

Artiste

Je reçois Malek (5e) qui, en sortant d'une heure de retenue avec son enseignante, s'est découvert une âme de poète :

« Les heures de colle, qu'est-ce qu'on rigole ! »

Amené de force dans mon bureau par la professeure, le barde, apparemment toujours inspiré, en rajoute une couche dès sa muse repartie :

« Les heures de colle, qu'est-ce qu'on rigole... avec la prof d'espagnol ! »

❋

Marion (4e) a vidé le distributeur de papier W.-C. Il y en a partout dans les sanitaires. Mais c'était pour la bonne cause :

« J'ai voulu faire des guirlandes pour décorer les toilettes pour Noël ! »

Autogestion

« Qu'en pensez-vous, monsieur Romain ? On a écrit "comportement en classe", "attitude avec les autres élèves" et "travail personnel". Il faut ajouter des choses ? »,

demande Eléonore (3e) en me tendant une fiche de suivi individuel réalisée par elle et quelques camarades de classe à l'attention de Dylan, afin que ce dernier ne les dérange plus en cours.

Z'AVEZ LES BOULES ? ...ÇA IRA BIEN DANS LA DÉCO !
SAM

Avenir (désir d')

Sylvia (4e) a séché des cours. Je lui fais remarquer que le collège, d'une part est obligatoire, d'autre part est indispensable pour se construire un avenir. Mon sermon l'ennuie. Elle me coupe :

« Oui je sais. Mais moi, à 16 ans, j'arrête l'école, je reste à la maison et je fais des gosses pour avoir les allocations. »

Avis personnel (ou pas)

Christophe (6e) m'affirme d'un ton péremptoire :

« De toute façon, les professeurs, c'est tous des fainéants. Ils sont toujours en grève ! »

B comme…

Blessure

Rosa (5e) m'explique pourquoi elle se scarifie les avant-bras :

« Mes parents vont divorcer et mon père, en attendant, il habite dans le chalet, au fond du jardin ! »

Lundi 8 h 30. Vincent (5e) franchit le portail de l'établissement avec un bandage autour de la main.

« Mon pauvre ! Qu'est-ce qui t'est arrivé ?

— Je me suis griffé !

— Ah bon ? Mais comment as-tu fait ton compte ? »

Vincent rougit et bafouille. Flairant l'entourloupe, je lui tire les vers du nez. Il lâche enfin le morceau :

« Ben, hier, avec des copains, on a voulu escalader le grillage du collège pour rire, et voilà. Mais c'est pas moi qu'a eu l'idée ! »

Boomerang

Mounia (4e) me fait remarquer :

« La prof de français, elle dit toujours qu'on peut mieux faire, mais elle aussi, elle pourrait mieux faire ! »

Conseil de classe. La parole est au délégué des 3e B, lequel lance en préambule :

« D'abord, je constate que nous, si on sèche un cours, on se prend une heure de colle, mais qu'il y a des professeurs qui sèchent le conseil ! »

Botaniste

Eduardo (6e), descendant de Buffon :

« Monsieur ! Y en a qui ramassent les marrons qui sont tombés du chêne et qui nous les lancent dessus ! »

Broutilles

Malika (3e), exclue de cours, dédramatise la situation :

« Ça va ! C'est bon, aussi ! On va pas en faire tout un fromage ! Le prof m'a mis un zéro, je l'ai traité, et puis voilà ! Fin de l'histoire ! »

C comme...

Caca prout

« Oh pardon ! »,

s'excuse Pénélope (5e) qui, angoissée par la sentence que je vais prononcer à son encontre, vient de lâcher un pet monumental et bien sonore.

Cash

« Monsieur, ça sert à quoi de venir au collège après le brevet ? Il y a un tas de professeurs qui ne sont pas là !

— C'est à tes parents de décider, Victorine !

— Remarquez, avec monsieur Fouriaint, même quand il est là ça ne sert pas à grand-chose ! »

Cauchemar

Léonie (6e), mine angélique :

« Monsieur ? C'est possible de me donner mon bulletin ? Parce que ma mère, elle veut pas venir le chercher au collège, elle dit que ça lui rappelle des mauvais souvenirs ! »

Changement (c'est maintenant)

Le délégué des 3e C revendique :

« On pourrait pas avoir un vrai prof, en maths ? Parce qu'avec madame Saparanvriye[5]*, c'est toujours le bordel en cours et on n'apprend rien ! »*

5. Professeure remplaçante.

Chauffard

« Monsieur ! Vous savez que monsieur Amyltonne, il nous entraîne à l'ASSR[6] !?

— Oui, je sais, Virginie ! Et alors ? Il y a un problème ?

— Ah ben oui, et pas qu'un peu ! Ce matin, il a failli m'écraser quand je traversais sur le passage piéton ! »

Cinéphile (berceuse pour)

Hier soir, à l'internat, Yvonnick (3e) a été surpris en train de regarder un film porno sur son ordinateur portable. Ce matin, dans mon bureau, il me donne une explication pour le moins originale :

« C'était pour m'endormir, monsieur ! »

6. Attestation scolaire de sécurité routière.

ON REGARDE DES DEUX CÔTÉS, VIRGINIE !

Circonstance atténuante (pas de)

Selma (3e) est hyper remontée contre sa professeure :

« Madame Graucut, c'est pas parce que c'est un thon qu'elle doit tout le temps nous gueuler dessus ! »

Code civil

Annabelle (4e) m'interroge, pleine d'espoir :

« Monsieur ! Y a ma mère qui se marie... Est-ce que j'ai droit à des jours de congé ? »

Colle (heures de)

Je convoque Hubert (4e), encore puni. Il « assume », comme disent les ados, et se montre fataliste :

« Quand les profs en auront marre de me coller, ils arrêteront ! »

J'informe Ayoub (4e) que sa professeure principale l'a – encore – mis en retenue. Un brin découragé, il pousse un long soupir de lassitude :

« Elle a toujours pas compris que j'en avais rien à foutre, de ses colles ?! »

Comédien

J'annonce la punition à Thomas (6e) : une heure de retenue. Et encore, ce n'est pas cher payé. Il tombe à genoux, joint ses mains et me supplie d'une voix tremblante :

« Pitiéééééé monsieur le principaaaal !

— Arrête tes bêtises, Thomas ! Relève-toi et cesse tes simagrées ! »

Le mauvais acteur se redresse aussitôt, fait semblant d'essuyer ses larmes de crocodile et se met au garde à vous…

Comique

Un professeur sermonne Gilles (5e) dans mon bureau afin, comme il espère, « *que ça porte davantage* **». L'enseignant conclut son interminable leçon de morale en regardant le fautif droit dans les yeux :**

« Tu as compris ?

— Oui !

— Oui qui ?

— Wikipédia ! »

⁂

« Tu sais pourquoi tu es là, Idrissa ?

— Ouais ! C'est monsieur Scribouyart... Il m'a encore fait un rapport... De toute façon, lui, dans la classe, personne ne peut le sentir... Dans tous les sens du terme, d'ailleurs ! »

⁂

J'ai la désagréable impression de perdre mon temps en essayant de raisonner Mohamed (4e), absentéiste chronique. Impression confirmée dès la fin de ma harangue car il me lance, goguenard :

« En fait, je connais mieux les flics du quartier que les profs du collège ! »

❋

Je discute dans mon bureau avec Jade (4e), assise face à moi. Une professeure toque, entre, me donne un document et ressort en me saluant :

« Merci beaucoup ! Au revoir monsieur le principal !

— Au revoir et bonne journée à vous, madame Carion ! »

Au moment où l'enseignante referme la porte, Jade ajoute :

« Ding-dong ! »

Le bon vivant que je suis rit intérieurement, l'écrivaillon note la répartie et le chef d'établissement réprimande la comique.

❋

Gabin (3e) émet une hypothèse :

« C'est peut-être quand monsieur Boulasède[7] *a perdu ses cheveux qu'il y en a un qui lui est resté sur la langue ! »*

❋

« Monsieur ! Pourquoi, les heures de retenue, on les appelle les heures de colle ?

— Alors là Romane, je n'en ai aucune idée !

— Ha, Ha, Ha ! Je vous ai posé une colle, monsieur ! »

7. Professeur chauve qui zozote.

Compassion

Je lis à Romuald (4e) le rapport qu'une professeure a rédigé sur lui. Il a presque pitié de l'enseignante :

« Elle, on dirait qu'elle n'a jamais été jeune ! »

Confidence

Elvire (4e) me confie sous le sceau du secret :

« Vous savez monsieur, je ne suis plus totalement vierge ! »

Conseil (demande de)

Fin septembre. Anastasia (6e) n'a toujours pas ses fournitures scolaires. Elle écoute sagement les reproches que je lui formule, puis me donne le choix :

« Ma mère, elle a dit qu'elle m'en achètera pas. Vous préférez que j'en aie pas ou que je les vole ? »

Conseil (donneur de)

Malik (6e) me prévient très calmement :

« Moi, je respecte les professeurs. Alors monsieur Jelouvre, il faut qu'il me respecte. Même si je n'apporte pas mes affaires. Parce que j'ai des grands frères... »

Conseiller conjugal

Aïcha (6e) a identifié la cause de son environnement familial compliqué :

« Le problème avec mon père, c'est qu'il a trop de femmes ! »

Coopératif

J'annonce à Lina (4e) que, à la suite de son comportement inadapté avec son professeur de mathématiques, elle viendra faire des exercices dans mon bureau au lieu d'aller à son prochain cours. Punition diablement efficace :

« Pas de problème ! Si vous voulez, j'échange même toutes mes heures de maths contre des heures de colle ! »

Cordon (ombilical)

Amandine (3e) me sollicite pour une commission :

« Monsieur ! Est-ce que vous pouvez demander aux professeurs si ma mère peut nous accompagner en voyage scolaire ? »

Coronavirus

Loumia (6e), hypocondriaque :

« Monsieur ! Y en a qui font exprès de nous toucher pour nous infecter ! Parce qu'ils sont pas propres ! »

❋

Durant ma « ronde », je rate de peu deux élèves de 5e qui disparaissent au bout du couloir… pour se jeter dans mes bras quelques instants plus tard en arrivant de l'autre côté, suivant ainsi scrupuleusement le fléchage mis en place au sein du collège.

« Que faites-vous à courir à l'intérieur pendant la récré ?

— On joue aux 24 Heures du Mans, m'sieur ! »

❋

PARDON M'SIEUR !
Z'ÊTES SUR LE CIRCUIT !

Allan (5e) ne perd pas le nord :

« Monsieur, si on fait pas nos devoirs pendant le confinement, comment ils vont faire, les profs, pour nous coller ? »

❋

Dès le premier jour de la rentrée post-confinement, Dany (4e) se retrouve dans mon bureau. Il m'avoue la raison de son exclusion de cours :

« C'est parce que j'ai dit à madame Tronchanbiet qu'elle était mieux avec un masque ! »

❋

Plusieurs filles de 3e viennent se plaindre :

« Monsieur ! Y a des garçons de notre classe qui nous donnent du gel en nous disant qu'on doit le mettre où on pense ! »

❋

Teddy (3e), a l'esprit cartésien :

« Et comment les profs ils vont pouvoir nous noter à l'oral, avec nos masques ? »

Corruption (tentative de)

Dino (3e), demi-pensionnaire, veut sortir du collège pour aller manger un kebab avec des copains. Refus de ma part. Il tente alors de me soudoyer :

« Allez, m'sieur ! Si vous me laissez y aller, je vous en ramène un ! »

❋

Je fais semblant de rire à la « plaisanterie » de Latifa (3e) qui me propose :

« Monsieur, est-ce que vous acceptez de changer l'appréciation que vous avez mise sur mon bulletin si je vous donne un cadeau ? »

Crédule

Matthieu (3e), regrettant déjà de ne pas avoir fourni d'efforts ce trimestre :

« Monsieur, c'est vrai que vous donnez des préservatifs en récompense à ceux qui ont eu les encouragements ou les félicitations du conseil de classe ? »

Culpabilisation

Véronique (3e) se confie :

« Mon beau-père, il frappe ma mère. Mais si je le dis à mon père, il va venir lui casser la figure, et ce sera encore pire après. Alors moi, j'essaie de défendre maman comme je peux. Mais le psy, il m'a dit que j'étais trop protectrice. »

Curiosité

Antoine (6e) a soif de savoir :

« Monsieur ! Madame Quainca, elle nous a dit qu'elle était une cougar. Ça veut dire quoi ? »

⁂

Vivien (4e) trouve que sa professeure de français est bien indiscrète :

« Madame Veutousavoard, elle me demande qu'est-c'que j'ai fait hier soir au lieu de faire mes devoirs ! Mais de quoi elle se mêle ? Ça la regarde pas ! »

WANTED
- DEAD OR ALIVE -
M. JO
PROFESSEUR DE MATHÉMATIQUES

WANTED
- DEAD OR ALIVE -
M. JACQUES
PROFESSEUR DE FRANÇAIS

WANTED
- DEAD OR ALIVE -
M. WILLIAM
PROFESSEUR D'ANGLAIS

WANTED
- DEAD OR ALIVE -
Mme AVRELL
PROFESSEURE D'ARTS PLASTIQUES

D
comme…

Dalton (quatre frères)

Je confirme à Marceau (3e) les noms des quatre professeurs qui les accompagneront lors du voyage en Angleterre. Il commente :

« Ah ! OK… C'est le quatuor infernal, quoi ! »

Débordé

N'ayant toujours pas commencé sa « lecture suivie », Mustapha (6e) est exclu de cours. Pour sa défense, il met en avant un emploi du temps surchargé :

« Si vous croyez que j'ai que ça à foutre, de lire les livres de la prof ! »

Déception

Lendemain de la rentrée de septembre. Gustave le tombeur (3e C) me fait part de son désappointement :

« On dirait que vous avez fait exprès de mettre tous les canons en 3B ! Et moi, évidemment, je suis pas dans cette classe ! »

Décès

Dorine (6e) était absente la semaine dernière. Elle vient me voir pour m'en donner la raison :

« C'est parce que dimanche dernier, quand j'ai voulu réveiller mon papa dans sa chambre, il était mort... »

❋

Marie (6e) fait irruption dans mon bureau sans même attendre le *« Entrez ! »* qui sert normalement de sésame. Elle est défigurée par le chagrin :

« Monsieur ! J'ai perdu mon stylo bleu !

— Ne te mets pas dans un état pareil, Marie ! Ce n'est pas un drame ! Si tu veux, je t'en donne un ! »

Je farfouille déjà dans mon tiroir. Mais ses pleurs redoublent. Entre deux sanglots, elle hoquète :

— « Mais c'était... le dernier cadeau... de mon papy... avant de mourir ! »

❋

17 h. Sortie des élèves. Je suis au portail et interpelle Éva (6e) :

« C'est ta maman, la dame blonde qui attend avec une poussette, à côté de l'arbre ?

— Ah non ! C'est ma belle-mère ! Ma maman, elle est morte ! »

❋

Laurence (5e) m'énonce l'inimaginable en toute sincérité :

« Vous savez monsieur, moi, mon père, il est mort. Mais quand je vois ceux de mes copines, je me demande si ce n'est pas aussi bien... »

❋

Noam (4e), apprenti rockeur :

« Monsieur, on pourrait pas fermer le collège demain ?

— Quelle drôle d'idée ! Et pourquoi donc ?

— Ben, parce que Johnny est mort ! »

LES POOORTES DU PÉNIIIIITENTIEEEEEER BIENTÔÔÔÔÔÔT VONT SE REFERMEEEEEER
DOIS-JE Y VOIR UN MESSAGE PLUS OU MOINS CACHÉ... ?
SAM

Un professeur a confisqué le portable de Léo (4e), surpris en pleine consultation de ses SMS durant le cours. Le coupable s'écroule devant moi, en pleurs :

« Je lisais mes messages pour voir s'il y en avait un de ma mère. Elle est à l'hôpital, en phase terminale. Elle va bientôt mourir... »

❋

Geoffrey (4e), multirécidiviste, se retrouve une nouvelle fois dans mon bureau. Il craque :

« J'en peux plus, de mon beau-père !

— Tu sais, être beau-père, ce n'est pas facile. Essaie d'être patient !

— C'est quand même pas ma faute si son ex-femme s'est suicidée ! »

❋

Je sermonne Dounia (4e) :

« Et qu'est-ce qu'il en pense, ton père, de ton attitude au collège ?

— Mon père, il pense plus, il est mort. »

Décomposée (famille)

Lundi matin, au portail du collège. Émeline (6e) court vers moi :

« Monsieur ! J'ai un petit frère ! Il est né samedi !

— Bravo ! Tu féliciteras ton papa et ta maman de ma part !

— Pas mon papa, plutôt mon beau-père ! »

❋

Gaëlle (5e) résume avec clairvoyance sa situation familiale :

« Le problème, c'est mon beau-père. Ma mère se couche devant lui. Remarquez, elle ne peut pas faire autrement : s'il nous vire de chez lui, on est S.D.F. »

❋

Miranda (5e) m'expose les raisons bassement matérielles de son proche déménagement :

« Mon père, il a divorcé trois fois. Et avec les pensions alimentaires, il ne s'en sort plus. Alors je vais habiter chez lui. Comme ça, ça lui fera faire des économies. »

⁂

Dylan (5e) se sent orphelin :

« Monsieur ! J'en ai vraiment marre parce que, déjà, j'ai jamais connu mon père et j'ai eu un premier père adoptif. Et là, ma mère, elle vient de virer mon deuxième père adoptif et du coup, j'ai plus du tout de père... »

⁂

Brigitte (4e), a bien cerné le problème :

« La nouvelle meuf de mon père, elle est peut-être canon, mais c'est sûrement pas elle qui va pouvoir m'aider à faire mes maths ! »

Délinquance

Axel (4e) a volé pour une dizaine d'euros de fournitures scolaires au supermarché du coin. Le gérant m'appelle. Je convoque immédiatement le chapardeur et écoute ses justifications :

« Ma mère, elle veut rien m'acheter. Elle m'a dit qu'elle en avait rien à foutre du collège. Alors il faut bien que je me démerde ! »

Discipline

Je brandis une feuille de papier devant Camille (3e) :

« Quand même, tu exagères ! Neuf remarques en une heure ! Ta professeure a comptabilisé !

— Mais je fais rien, monsieur ! C'est simplement que, madame Malluner, elle est psychorigide ! »

Divorce

Mélanie (6e) est en garde alternée depuis quatre ans. Les deux parents habitent à cinq cents mètres l'un de l'autre. La petite, pourtant très sérieuse, n'a pas son manuel de français ce matin. Elle éclaire ma lanterne :

« Je l'ai oublié chez mon père, mais il veut pas que je vienne chez lui quand je suis chez maman. »

*

Marius (6e), fait un constat amer :

« Mes parents, ils m'avaient fait pour se réconcilier. Mais ça a raté parce que mon père est parti pendant que ma mère était enceinte de moi... »

Rentrée de janvier. Je suis au portail du collège.

« Bonne année monsieur !

— Bonne année Sandrine ! Alors, que faut-il te souhaiter ?

— Oh ... Que mes parents ne divorcent pas... »

❋

Fabienne (5e) verse dans la mélancolie :

« Mes parents se sont séparés. Ils vivent chacun leur vie. En fait, ils s'en foutent, de moi. »

❋

Arthur (4e), les nerfs à vif, me donne les raisons de son comportement répréhensible :

« Mes parents, ils s'occupent pas de moi, ils sont en train de divorcer. Alors moi, je vous fais chier parce que ça les fait chier que je vous fasse chier ! »

❋

Ryan (4e), mâchoires serrées et regard fixe, explique la baisse de ses résultats :

« Ma mère[8], elle est partie faire la gogo danseuse dans le bar à putes du père d'un de ses élèves. »

DNB

Un groupe de collégiennes de 3e me demande les notes qu'elles ont obtenues à l'épreuve orale du DNB.

« Je suis désolé les filles, mais je n'ai pas le droit de vous les donner !

— Allez m'sieur ! On dira rien... Vous n'allez pas nous faire croire que vous ne faites jamais ce qui est interdit ! »

8. Professeure des écoles !

Drague

Somme toute, Nabil (3e), exclu de son établissement précédent, ne regrette pas d'avoir été affecté dans le nôtre :

« Votre collège, il est neuf et y a des meufs ! »

⁂

Roméo, accompagné de sa Juliette – tous deux en 3e – me demande s'ils peuvent sortir du collège durant la récréation :

« C'est juste pour discuter tranquille, m'sieur ! Parce que dans la cour, c'est interdit de s'embrasser ! »

⁂

Stéphane (3e), on ne peut plus légaliste :

« Monsieur ! On a le droit de sortir avec plusieurs filles en même temps ?

— Ben... euh...

— Remarquez, il faudrait d'abord que je m'en trouve une ! »

Drille (joyeux)

Je demande à Ibrahim (4e) de vider son sac à dos. Il en sort un briquet, une cinquantaine de pétards et des boules puantes. Je l'interroge d'un regard sévère. Déçu de mon manque d'humour, il lâche, désabusé :

« Oh... Si on peut même plus rigoler, maintenant ! »

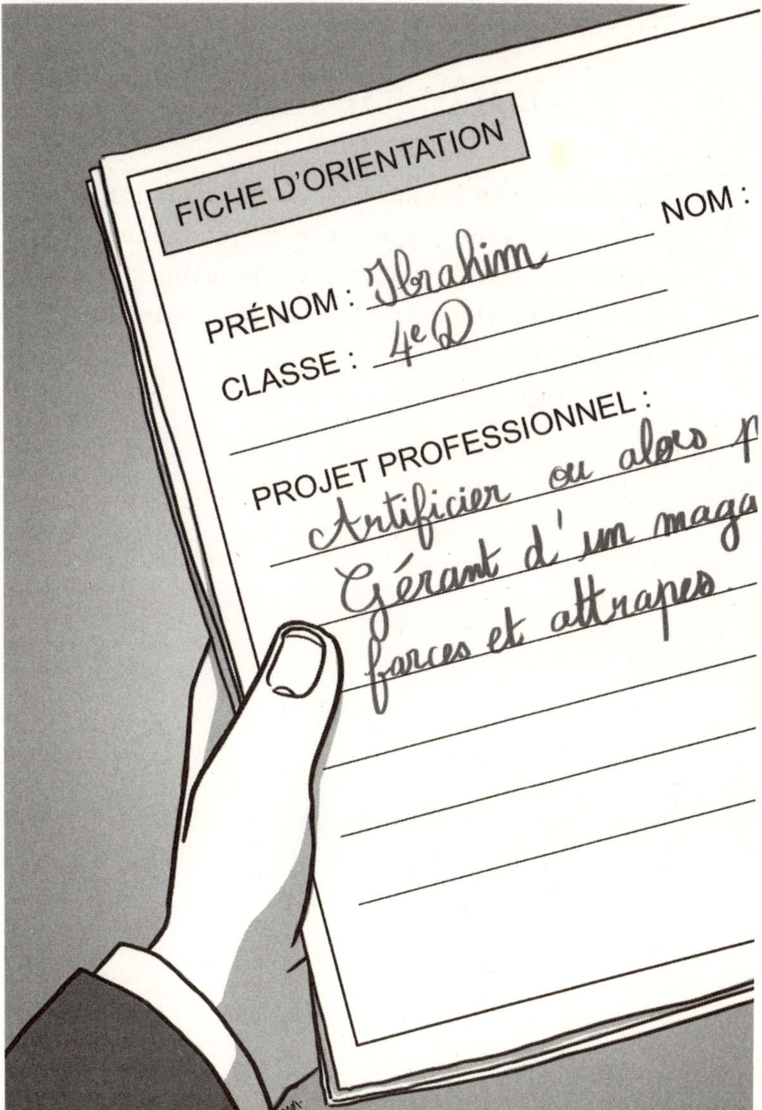
FICHE D'ORIENTATION
NOM :
PRÉNOM : Ibrahim
CLASSE : 4e D
PROJET PROFESSIONNEL :
Artificier ou alors
Gérant d'un maga
farces et attrapes.
SAM

E comme...

Écologiste

Sophie (6e) a dit à Gwénaëlle – également en 6e – qu'elle avait des « yeux de cochon ». Gwénaëlle, en représailles, a traité Sophie de « tête de veau ». Les deux sont en pleurs, devant moi. Petite leçon – pas bien méchante – de morale. Gwénaëlle sanglote de plus belle :

« Et en plus, un veau, c'est mignon ! »

Éducation

Je demande à Victor (5e) si chez lui, il parle à sa mère comme il vient de répondre à son enseignante, ce qui a provoqué son exclusion de cours. Étonné de ma question stupide, il me donne une réponse qui tombe sous le sens :

« Ben non ! Parce que elle, elle a le droit de me taper ! »

Faustine (6e) se sent offensée :

« Madame Taitehôte, elle m'a même pas dit bonjour. Elle manque carrément d'éducation, elle ! »

Égalité hommes-femmes

Toufik (3e) justifie son énième altercation avec sa professeure principale :

« De toute façon, c'est une femme, elle n'a rien à me dire et je n'ai pas à lui obéir ! »

Élections des délégués

Bérangère (5e), candidate à la fonction de déléguée, me livre son analyse politique :

« Je trouve que, pendant la campagne électorale, on est plus raisonnables que les adultes parce qu'on ne se dispute pas ! »

Embrouilles

Malo (5e) vient me trouver au portail :

« Monsieur ! On m'a volé mon vélo dans le garage du collège ! Mais je sais qui c'est...

— Eh bien dis-le-moi, on va régler ça tout de suite !

— ... Et je sais pourquoi il me l'a volé : c'est parce que ma mère doit cent euros à ses parents ! »

⁂

Bryan et Bachir (5e) me sollicitent, sans doute en désespoir de cause :

« Monsieur, il faut que vous interveniez ! Y a mon père qui veut casser la gueule du père à Bachir !

— Ouais ! Et mon père, maintenant, il se promène toujours avec son gun !

— Monsieur, si vous faites rien, va y avoir des morts !

— Ouais ! Parce que moi et Bryan, c'est vrai qu'on s'est un peu embrouillés, mais maintenant c'est fini, on est frères ! »

Affolé, Kamel, élève de 5e au collège et guetteur dans sa cité en dehors des heures de cours, se précipite dans mon bureau et m'implore :

« Monsieur ! Je vous en supplie ! Aidez-moi ! Je vais me faire démonter ! Hier, j'ai quitté mon poste ! »

❋

Romain (4e) entre en trombe sans frapper, referme précipitamment la porte derrière lui et me débite en soufflant :

« Monsieur… S'il vous plaît… J'ai les flics au cul ! Il faut que j'appelle ma mère ! Ils voulaient me passer les menottes et m'emmener en gardav' ! Heureusement, j'ai réussi à me sauver. Il faut que j'appelle ma mère, vite ! »

Empathie

Igor (4e) m'explique pourquoi il a fait irruption dans une salle pendant un cours :

« On n'entendait plus monsieur Quidor, alors j'ai cru que ses élèves l'avaient ligoté et bâillonné ! »

Énurésie diurne

Maryline (6e), air contrit :

« Monsieur, on peut appeler ma mère s'il vous plaît ? Monsieur Paceryen, il me fait peur, alors j'ai fait pipi dans ma culotte ! »

ALORS, M. DUBREUIL, SI ON REPARLAIT DE CETTE DERNIÈRE INTERRO....
OUAIS....
MAIS C'EST NOUS QUI POSONS LES QUESTIONS...
SAM

Envie pressante

Didier (5e) a besoin d'être rassuré :

« Monsieur, est-ce qu'on a le droit d'apporter du papier W.-C au collège pour quand il y en a plus ? Parce que hier, c'était chaud pour moi ! »

Environnement (nouvel)

Début octobre. Tatiana (6e) tire un premier bilan :

« Le collège, c'est quand même plus difficile que l'école, parce qu'il faut s'habituer à plus de profs. Et en plus, il y en a qui ont mauvais caractère ! »

Épicurisme

« Monsieur, est-ce que je pourrai redoubler si, au mois de juin, je n'ai pas l'orientation que je veux ?

— Bien sûr, Naïma ! Mais ce serait aussi bien d'obtenir ton affectation en seconde professionnelle dès cette année scolaire, tu ne crois pas ?

— Bof… Je ne suis pas spécialement pressée… Autant profiter de la vie ! »

Espoir (déçu)

8 h 20, entrée du collège.

« Bonjour monsieur ! Il est là, aujourd'hui, monsieur Frajil ?

— Bonjour Tristan ! Bien sûr que monsieur Frajil est là ! Pourquoi voudrais-tu qu'il soit absent ?

— Oh, on ne sait jamais… Un accident est si vite arrivé ! »

Évaluation

Suzy (4e) synthétise la pensée maternelle :

« Ma mère, elle est Anglaise, et elle trouve que madame Rocebiffe[9]*, elle fait beaucoup de fautes. »*

9. Professeure d'anglais.

F

comme...

Fair-play

J'annonce à Damien (5e) qu'il sera collé pour ce qu'il a fait. Il approuve calmement la sentence :

« Normal, il n'y a rien à dire : j'ai joué, j'ai perdu. »

❋

En punissant Agnan (4e) d'une heure de retenue, je ne pensais pas faire un heureux. Pourtant, le garnement apprécie ma mansuétude :

« Ah merci, m'sieur ! Parce qu'honnêtement, je méritais plus ! »

Fan

Cyrielle (5e), d'un ton enflammé :

« Monsieur ! Ma mère, elle a acheté votre livre !

— C'est gentil, tu la remercieras de ma part... J'espère que ça lui a plu !

— Elle a dit qu'au collège, vous devez pas vous marrer tous les jours ! »

Aaron (4e), compatissant :

« Monsieur ! Ma mère elle a lu votre livre et elle a dit que vous avez beaucoup de courage parce qu'il y a des profs, c'est des sacrés numéros ! »

❋

« Monsieur ! Y a mes parents qui voudraient vous demander quelque chose !

— Je t'écoute, Marwa.

— Est-ce que vous pouvez me donner un de vos livres ? Parce que je suis votre élève ! Mais que Mots d'excuse. *Parce que les autres livres, ça les intéresse pas ! »*

❋

« Monsieur ! Y a ma mère qui veut absolument vous voir !

Je récapitule mentalement ce que la maman pourrait avoir à me reprocher.

— Ah bon pourquoi ? Il y a un problème ?

— Non, c'est simplement qu'elle voudrait que vous lui dédicaciez votre livre ! »

Farceur

« Monsieur ! J'arrive pas à ouvrir l'antivol de mon vélo !

— Tu as la bonne clé, au moins ?

— Oui, mais il y a quelqu'un qui m'a mis un autre antivol ! »

Fatigue (grosse)

17 h 00. Sortie des élèves. Ferdinand (6e) pousse un soupir de soulagement :

« Et voilà... Une journée de moins en plus ! »

❋

La déléguée des 4e B a quitté son cours pour venir me faire part de son désarroi :

« Monsieur ! Il y a madame Ronflette qui s'est endormie pendant notre contrôle ! Qu'est-ce qu'on doit faire ? »

⁂

Le délégué des 3e E sollicite une faveur :

« M'sieur, on pourrait pas mettre les 3e au rez-de-chaussée et les autres classes aux étages ? Parce que nous, on doit se concentrer sur le brevet, on doit pas gaspiller notre énergie à monter les escaliers ! »

Femme

Je lis le rapport de la professeure puis interroge Adrien (3e), debout face à moi :

« Alors ? Tu peux m'expliquer pourquoi madame Thiravut t'a exclu de son cours ?

— Oh ! Elle doit avoir ses règles... »

Filou

La carte de repas d'Élodie (6e) est en solde débiteur. Afin de ne pas alourdir sa dette, je demande à la collégienne externe de rentrer chez elle ce midi. Les lèvres tremblantes, elle me supplie :

« Chez moi, y a rien à manger ! »

Je suis confus de ma maladresse. Il est évidemment hors de question que la petite reste le ventre vide à cause de problèmes financiers ! Je l'invite donc à déjeuner gratuitement au self du collège. Élodie, un peu gênée, rectifie alors ses propos :

« En fait... C'est pas vraiment qu'il y a rien à manger chez moi, c'est que j'aime pas ce que ma mère m'a préparé ! »

❄

Paul (6e), joyeux drille prudent :

« Monsieur, c'est vrai qu'il y a des caméras dans le couloir ? C'est pour savoir si on peut faire des bêtises... »

Fin juin. Retour des manuels scolaires. Au milieu de sa pile, Noémie (5e) a glissé un livre complètement trempé et déchiré. Toute rouge, elle m'avoue naïvement :

« C'est ma mère. Elle m'a dit qu'on verrait bien si ça passe ou pas. »

⁂

Alix (3e) opère un rapprochement sémantique douteux :

« Monsieur ! Si un prof met 16 au lieu de 17 à un DM[10], c'est pas grave parce que c'est presque pareil, hein ?

— Euh... Oui, sans doute...

— Eh ben moi, au lieu de dire "merci" à Madame Toutoui, je lui ai dit "merde"... C'est presque pareil aussi, non ?! »

⁂

10. Devoir maison.

« Tu es encore en retard, Pascal !

— Oui mais là c'est pas de ma faute, m'sieur, c'est à cause du tram !

— Ne me raconte pas de bêtise, je sais parfaitement que tu viens en voiture avec ta mère !

— Oui mais on a été bloqués par le tram ! »

⁂

Béatrice (3e) téléphone pour excuser son absence. Je lui demande de parler à sa mère. Un court instant de silence, puis la demoiselle ose :

« Je peux pas vous la passer, elle est aux toilettes, elle a la gastro ! »

Au même instant, en bruit de fond, j'entends la sonnerie du tramway.

⁂

En pleine « affaire Cahuzac », Ulrich (3e) ; la main sur le cœur :

« Monsieur... les yeux dans les yeux... je vous jure que c'est pas moi ! »

Foot

Yvon (6e), passionné de foot :
« M'sieur ! Vous supportez qui, vous ? »
Moi, croyant être spirituel :
« Ma femme ! »
Yvon, après intense réflexion, dubitatif :
« Ils jouent pas en ligue 1 !? »

⁂

Robert (5e), réfractaire à l'art pictural :

« Monsieur ! On pourrait pas appeler le collège “collège Zinedine Zidane” ? Parce que Camille Corot, personne ne sait qui c'est ! »

(Alors que j'exerçais près de Rennes)

« M'sieur ! C'est qui, vous, votre club préféré ?

— J'aime bien le F.C. Nantes.

— Ouh là !... Faut pas dire ça ici, m'sieur ! Vous jouez avec votre vie ! »

Franchise

« Monsieur ! Est-ce qu'il faut toujours dire la vérité à un prof ?

— Bien sûr, Louna ! La confiance, c'est primordial dans les relations humaines !

— Alors on peut lui dire qu'il pue ? »

... ENTRE LES CANARIS ET STENDHAL, MON COEUR BALANCE...

Fumeur

8 h 10. J'ouvre le portail. Devant le collège, Ritchie (6e) hurle comme un cochon qu'on égorge. J'essaie de le calmer avant qu'il entre.

« Ouh là ! Tu m'as l'air bien énervé, toi, dès ce matin ! »

Du haut de son mètre vingt avec talonnettes, il me répond le plus sérieusement du monde :

« C'est parce que j'essaie d'arrêter de fumer, m'sieur ! »

❋

En me promenant dans le quartier, je croise Gontran (5e), cigarette à la main.

« Tes parents sont au courant que tu fumes ?

— Non, monsieur ! Mais je vous en supplie ! Faut pas leur dire, c'est un secret ! J'essaie d'arrêter mais j'y arrive pas ! »

❋

Corentin (4e) est soupçonné d'avoir fumé du cannabis. Je tente de lui faire prendre conscience des risques qu'il encourt.

« Tu sais que tu es hors la loi ?

— Ouais je sais. Mon demi-frère, c'est un dealer.

— Un jour ou l'autre, il va se faire prendre !

— Ouais je sais. Il a déjà fait trois ans de prison, il est sorti la semaine dernière.

— Et alors ? Ça se passe comment ? »

Bon prince, Corentin daigne répondre à ma question idiote :

« Ben ! Il a recommencé son trafic ! »

❋

17h. Heure de la sortie. Sergio (4e) vient me voir, trop poli pour être honnête.

« Monsieur ! Vous pouvez me rendre mon paquet de chewing-gums s'il vous plaît ?

— Ça ne peut pas attendre demain, Sergio ?

— Ben... c'est-à-dire que mes parents, ils ne savent pas que je fume, alors... »

Edison (3e) s'est fait prendre en train de fumer dans les toilettes. Il dédramatise :

« C'est bon, m'sieur, c'est pas du shit ! On va pas faire toute une histoire juste pour du tabac ! »

❋

8 h 30. Nolan (3e) franchit le portail du collège et s'approche de moi :

« Bonjour monsieur ! Je peux vous confier mes cigarettes pour la journée, s'il vous plaît ? Ça m'évitera de me faire choper en train de fumer dans les toilettes ! »

❋

Leçon de morale pour Franck (3e), qui a fumé un joint. Je lui demande s'il sait où cela risque de le mener. Absolument pas déstabilisé, il me répond :

« Oui, je sais : en prison. Mon frère y est. »

❋

Mike (3e) justifie sa consommation de cannabis :

« Ma mère, elle est au courant. Elle m'a dit qu'elle préférait que je fume plutôt que je boive. Alors, j'ai arrêté le whisky. »

« Gaspard ! Tu as fumé dans les toilettes !

— Non, monsieur ! Je vous jure !

— Ne me raconte pas de bêtise : ça sent la fumée de cigarette !

— Mais non monsieur, c'était juste une taffe, pour chasser l'odeur de merde ! »

G

comme...

Gabarit

Firmin (5e) vient se plaindre : dans la cour, des grands de 3e monopolisent les tables de ping-pong. Je lui expose la difficulté pour les assistants d'éducation de gérer cette situation. Explication reçue cinq sur cinq par le sportif brimé :

« Ouais ben moi, j'ai hâte d'être en 3e, que je puisse faire ma loi ! »

Gaffe

Moi à Lynda (6e), d'un ton avenant :

« Tu en as de la chance, d'avoir une maman qui t'amène au collège chaque matin ! »

L'adorable collégienne, d'un ton moins convaincu :

« C'est parce qu'elle est au chômage. »

Génération (différences de)

Noël (6e), soupirant :

« Ah ! Les troisièmes... Plus ils sont grands, plus ils sont bêtes ! »

❋

Driss (6e), après m'avoir observé attentivement :

« Monsieur ! C'est vrai que vous écrivez des livres ?

— Oui, c'est vrai !

— C'est bizarre, vous faites pas trop vieux ! »

❋

Au portail, Valère (3e) m'interpelle :

« Monsieur, le garage à vélos, c'est réservé aux vélos ? Parce que moi, j'ai plus l'âge ! »

Encore un qui veut venir au collège à scooter, histoire de faire le beau devant les filles, pensé-je. Je veux en avoir confirmation :

« Et tu veux venir comment ?

— En patinette ! »

⁂

Aïda (3e), excédée :

« Monsieur ! On n'en peut plus, des petits sixièmes ! Ils hurlent sous le préau, on s'entend plus parler ! »

⁂

Bénédicte (3e) exprime son ras-le-bol :

« Monsieur, vous ne connaîtriez pas un lycée où on peut travailler sans qu'il y ait des voyous dans la classe ? Parce qu'au collège, c'est vraiment insupportable ! »

⁂

Je lis à William (3e) le rapport de sa professeure sur son comportement en classe. Il hausse les épaules :

« De toute façon, elle, elle a dépassé la date de péremption ! »

❋

Sana (3e), exclue de cours pour grimaces intempestives, constate calmement :

« Il faut dire que, monsieur Matuzalaime et moi, on n'a pas le même humour… Mais c'est normal : on n'a pas le même âge non plus ! »

« Monsieur ! C'est vrai qu'il va falloir travailler plus longtemps pour être à la retraite ?

— Vu la situation des finances de notre pays, je pense, oui...

— Mais comment elle va faire, madame Touridé ? Vous avez vu son âge, déjà ? »

⁂

Hasma (3e), passionnée d'histoire, est sidérée par la révélation que je viens de lui faire :

« Non, m'sieur !? Je l'crois pas ! Sérieux ? Vous avez connu de Gaulle !? Mais il a fait la guerre ! »

BON... JOUR... LES... EN... FANTS...
BONJOUR, MADAME TOURIDÉ !
-SAM-

Génétique

Je félicite Anaëlle (6e) pour ses brillants résultats. Elle estime ne pas avoir de mérite particulier à frôler l'excellence :

« C'est normal ! Mes parents sont tous les deux profs ! »

❋

Grosse bêtise de Viorel (5e). Je lui signifie ma décision :

« Ce n'est plus possible... Je t'avais prévenu... J'appelle tes parents. »

Coup d'épée dans l'eau, selon lui :

« Ça servira à rien : au collège, ils étaient pires que moi... »

Génie -

« Bon, Lilou, on n'a plus le temps, va manger… Tu reviens me voir à 13 heures, d'accord ?

— …

— Tu as compris, Lilou ?

— … »

Oui, Lilou (3e) a compris, mais elle réfléchit à la technique qu'elle devra employer, car elle ne sait pas encore lire l'heure.

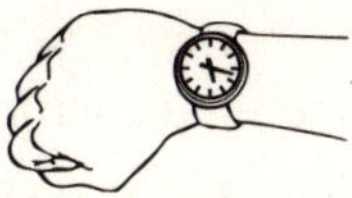

Génie +

Un enseignant entre dans mon bureau en compagnie du délégué des 6e B pour me faire part d'une situation tendue dans la classe. Le collégien de 11 ans termine sa version des faits en apostrophant son professeur :

« En fin de compte, ne croyez-vous pas que tout cela est bien machiavélique ? »

Un ange passe. Je réponds à la place du pédagogue qui, visiblement, ignore la signification de ce mot.

❋

Salaün (5e) a trouvé la solution pour éviter les bagarres autour des tables de ping-pong :

« C'est facile ! Il faut calculer le nombre d'heures de récré dans l'année, le multiplier par le nombre de tables et diviser le résultat par le nombre d'élèves. Comme ça, on saura combien de temps chacun peut jouer ! »

...À RAISON DE 2X15 MINUTES DE RÉCRÉ POUR LES EXTERNES ET DE 15 MINUTES SUPPLÉMENTAIRES POUR LES DEMI-PENSIONNAIRES ENTRE MIDI ET DEUX...
...ET EN TENANT COMPTE DES 36 SEMAINES DE CLASSE
-SAM-

Gourmand

Sonny (6e) revient de son heure de TIG[11] au cours de laquelle il a aidé à nettoyer le self du collège :

« Monsieur ? Je pourrais être puni tous les midis ?

— Quelle drôle d'idée, Sonny ! Mais pourquoi donc ?

— Parce que les dames, elles m'ont dit que j'avais bien travaillé et elles m'ont donné une glace ! »

❋

11. Travail d'intérêt général.

Fin octobre. Bientôt Halloween. C'est l'opération « Trick or treat[12] ». On frappe à mon bureau...

J'écoute Whalid (6e) me réciter un poème en anglais puis lui tends une assiette de bonbons. Il hésite :

« M'sieur ? Y a du porc dedans ?

— Alors là, je n'en sais strictement rien ! Mais tu fais comme tu veux… »

Whalid temporise, les yeux brillants, puis se décide :

« O.K., j'en prends… Allah me pardonnera… »

12. « Des bonbons ou un sort ».

Grève

Tatania (4e) justifie son insolence envers un enseignant :

« Comme aujourd'hui c'est la grève, j'ai le droit d'être énervé après les profs ! Parce que eux, ils nous respectent pas parce qu'on se lève pour rien ! »

❋

Aïssa, mécontente que les enseignants de 3e A soient – une fois de plus – tous présents :

« Les profs, ils devraient faire grève chacun leur tour. Comme ça, toutes les classes en profiteraient au lieu que ce soit toujours les mêmes ! »

H comme...

Handicap

« Oui monsieur ! De l'oreille droite ! »,

me répond poliment et respectueusement Etienne (6e), que j'ai agressivement apostrophé d'un :

« Tu es sourd ou quoi ? »

❋

Alors que les élèves sont sagement rangés en attendant leurs professeurs, j'intercepte une élève de 5e qui traverse la cour en courant à toute vitesse, direction le bâtiment :

« Où vas-tu comme ça, Florence ?

— À l'ascenseur. J'ai pas le droit de monter les escaliers parce que je suis blessée à la jambe. J'ai un certificat médical ! »

Hiérarchie

J'essaie de tirer du positif de l'attitude de Gaël (3e) :

« Tu vois Gaël, là, dans ce bureau, tu es raisonnable. Tu t'exprimes posément, tu ne t'énerves pas… Pourquoi ne fais-tu pas la même chose avec tes professeurs et les assistants d'éducation ?

À question idiote, réponse stupide :

« Ben, avec vous c'est normal : vous êtes le chef ! »

Honnête

« Entrez ! »

C'est Rudy (5e), essoufflé et scandalisé, qui vient se plaindre :

« Monsieur ! C'est pas possible ! Monsieur Fouteult, il m'a donné un coup de pied aux fesses ! Il a pas le droit de faire ça !

— Ah... Euh... Hum... Il était peut-être un peu énervé ?... Euh... Tu avais fait une bêtise ?

— Bon, j'avoue. J'avais pas le droit non plus de le traiter d'enculé... »

Honte

Justine (6e), un peu gênée aux entournures, me tend la énième lettre de l'année que sa mère m'adresse :

« Excusez-moi monsieur, je suis désolée... Ma maman, elle écrit beaucoup ! »

Falene (6e), tête baissée et rouge de confusion, m'avoue qu'elle chaparde par pure obéissance :

« C'est ma mère qui m'apprend à voler. »

❋

Au lendemain d'une réunion « animée » dans mon bureau avec ses parents, Basile (4e) vient s'excuser :

« Faut pas faire attention à ce que vous a dit mon père hier. Quand il a bu, il raconte n'importe quoi. »

❋

Antonin (4e) n'a sciemment pas donné à ses parents le mot pour la traditionnelle réunion avec les enseignants. À titre préventif :

« Si mon père voit madame Topemaudaile, il va encore la draguer, alors… »

Hypoglycémie

Tandis que la victime est à l'infirmerie, j'interroge Denise (5e), l'agresseur, dans mon bureau :

« Pourquoi as-tu mordu ta camarade ?

— Parce que j'avais faim ! »

Hypothèse

Une professeure d'EPS[13], par ailleurs assez enrobée, a donné une punition à Kenza (3e), qui ne décolère pas :

« Elle est prof de sport, mais ça m'étonnerait qu'elle en fasse, du sport ! »

13. Éducation physique et sportive.

I

comme...

Ignorant

Clément (6e), qui s'est battu, se retrouve dans mon bureau. Désormais calmé, il a le désir de s'instruire :

« Mon père, il m'a dit qu'il fallait que je me défende parce que je n'étais pas une "lopette". Mais je ne sais pas ce que ça veut dire. »

Imitation

8 h 30. Entrée du collège. Je demande à Charles (3e) pourquoi, ce matin, il se présente sans sac. Un air de défi dans le regard, il me répond aussi sec :

« Je fais comme monsieur Halèseblèse : je viens les mains dans les poches ! »

Incompréhension

« Monsieur, c'est du n'importe quoi ! Je lui fais un compliment et elle me vire ! »,

se défend on ne peut plus sincèrement Saadi (5e), exclu de cours pour avoir dit à sa professeure qu'il la trouvait « bandante » aujourd'hui.

❋

Yaël (5e) a besoin d'éclaircissements :

« Faudrait savoir ! On nous dit qu'il ne faut pas gâcher, mais on n'a pas le droit de sortir de la nourriture du self quand il nous en reste ! »

❋

Donovan (5e), à qui j'avais ordonné de ne plus se battre, a récidivé. Pourtant, il ne comprend pas ma colère :

« Mais ! Monsieur ! Je lui ai pas donné des coups de poing ! C'est juste mon pied qui l'a frappé avec ma chaussure ! »

❋

Quentin (4e) tombe des nues lorsque je lui reproche son insolence en classe envers ses professeurs :

« Ben !? Je parle comme ça chez moi, et mes parents me disent rien ! »

❋

« Monsieur... l'assistante d'anglais... elle est vraiment Anglaise ?

— Oui Rachel, pourquoi ?

— C'est bizarre ! Avec madame Filgoude, on comprend tout, mais avec l'assistante, on ne comprend rien quand elle nous parle anglais ! »

❋

Clarisse (4e), perplexe :

« Monsieur ?! Monsieur Geainprime, il nous a dit qu'il se souviendra toute sa vie de notre classe. À votre avis, c'est un reproche ou c'est un compliment ? »

Incontrôlable

Myriam (4e), exclue de cours, est assise face à moi. Je lis le rapport de l'enseignante et éclate :

« Quoi ?! Tu danses sur la table pendant le cours ? Mais tu te fiches du monde, Myriam !

— Désolée monsieur, mais c'est la prof ! Elle nous a dit qu'elle sera pas là demain, alors, j'ai pas pu m'en empêcher ! »

Incroyable (mais vrai)

« Monsieur, vous croyez au père Noël ? »

Je souris à la question d'Élisabeth (3e), qui poursuit :

« Moi non plus j'y croyais pas, mais maintenant si ! Parce que, ce matin, monsieur Demarbre[14], il a rigolé avec nous en cours ! »

14. Professeur sévère.

ET POURQUOI PAS UNE ÉPIDÉMIE DE DANSE, COMME AU XVE SIÈCLE ...
... TANT QU'ON Y EST ...
-SAM-

Innocent

Un assistant d'éducation a pris Khaled (4e) sur le fait. Il l'amène *manu militari* dans mon bureau et m'explique le forfait. Le coupable ne se démonte pas. Il interrompt le surveillant en m'apostrophant :

« Il dit que c'est moi, mais y a pas de preuve ! Il a pas de bande-vidéo ! Si vous me punissez, vous faites une erreur judiciaire ! »

❋

Je lis à Mickaël (4e) le rapport disciplinaire qu'une professeure a rédigé sur lui. Réaction d'incompréhension :

« Quoi ? Mais j'ai rien fait du tout ! Elle est complètement mythowoman ! »

Intimes

Louise (6e) me parle de sa nouvelle vie de collégienne. Mise en confiance, elle se relâche et appelle son enseignante de mathématiques sexagénaire par son surnom :

« Et puis, Mamymaths, elle est super gentille avec nous, même que y en a qui en profitent ! »

J

comme…

Joueur (mauvais)

Visite du foyer des élèves. Lahcen (4e) m'interpelle :

« M'sieur ! Vous faites une partie de baby-foot avec nous ?

— Non merci ! C'est gentil mais je n'ai pas le temps !

— Vous dites ça parce que vous avez peur de perdre, hein !? »

L comme...

Lapsus (révélateur ?)

Fin du cours. Il reste deux minutes avant la sonnerie. Sylvain propose au professeur :

« Monsieur, on peut faire un plan cul ? Euh, pardon, un pendu ! »

Légaliste

Gildas (6e) soupçonne sa professeure d'abus de pouvoir :

« Monsieur ! Madame Pairpassianse, elle a le droit de me virer de cours comme ça, sans prévenir ?

— Oh, je suppose que c'est parce que tu as exagéré !

— Ben si on n'a même plus le droit de parler maintenant ! Vaut mieux aller en prison ! »

❋

Un mois qu'Amon (3e), exclu d'un autre établissement, est arrivé chez nous. Rien à signaler concernant son attitude. Je le convoque pour le complimenter :

« Tu vois, Amon, ici, comme dans tous les collèges d'ailleurs, si tu respectes le règlement intérieur, tu n'as pas de problème !

— Désolé m'sieur, mais ici, c'est pas pareil : c'est pas les élèves qui font la loi, c'est les adultes. Alors je suis obligé d'obéir. »

Logique

Wendy (6e), fine observatrice :

« J'ai remarqué que les profs de 3e, ils sont plus grands que les profs de 6e. Au lycée, ils sont encore plus grands ? »

❋

« Monsieur ? L'année prochaine, en 5e, on est obligés de choisir une deuxième langue ?

— Bien sûr Jeanne ! Ça fait partie des enseignements obligatoires !

— Parce que moi, plus tard, je veux rester en France ! »

❋

J'interroge Xavier (5e) :

« Tu peux m'expliquer pourquoi tu as apporté un couteau au collège ?

— C'est parce que ceux de la cantine ne coupent pas !

— Ah bon ? Mais alors pourquoi l'as-tu sorti à la récréation ?

— Ben c'était pour montrer à mes copains que, justement, le mien, il coupait ! »

❋

Lors de l'exercice incendie, Théo (4e) a tenté de mettre le feu à une poubelle. Explication du bébé-pyromane adepte d'authenticité :

« C'était pour faire plus vrai ! »

❋

Mathis (3e) me donne la raison pour laquelle il refuse de s'impliquer dans le cycle « arts du cirque », en EPS :

« Faudrait savoir ! Les autres profs, ils me disent d'arrêter de faire le clown en classe, et monsieur Bouldemuscle, il me demande de faire le clown dans son cours ! »

Loisirs

Dorothée (6e) me raconte son – excellent – week-end :

« Ça a été super ! Mes parents ont commencé à s'engueuler, alors je suis allée dormir chez une copine. On s'est vachement bien amusées ! »

Look

Une petite de sixième s'approche de moi et me complimente :

« Monsieur ! Votre cravate, elle est très belle !

— Merci, c'est gentil !

— Mais mon père, il en a des encore plus belles ! »

❋

Donatella (5e), transportée :

« Oh vous, m'sieur, vous êtes le Dieu de la cravate ! »

❋

Madame Frisotit vient chercher les 4eD dans la cour. Une de ses élèves, remarquant sa nouvelle coiffure, commente à voix basse :

« Eh bé ! Heureusement qu'elle est prof de maths et pas prof de relooking ! »

❋

-SAM-

Léon (4e) me glisse sous le sceau du secret :

« Monsieur ! Victoire, elle porte un string !

— Et comment le sais-tu ?

— Ben... Elle me l'a montré ! »

❋

Daisy (3e), à qui je reproche sa tenue trop affriolante, se défend en osant la comparaison :

« Ma tenue, elle vous fait peut-être rire, mais moi, je peux vous dire qu'il y a des tenues de profs qui nous font pleurer ! »

❋

Un assistant d'éducation m'amène une élève de 3e qui a refusé de lui obéir. Je cherche à comprendre :

« Mais enfin Bérénice, pourquoi n'as-tu pas voulu aller te ranger dehors ? Vous le faites tous les jours et ça ne te pose aucun problème !

— Oui mais aujourd'hui, il pleut, et ça allait friser mes cheveux ! »

❋

Sylvère (3e), gai luron :

« Madame Robert, c'est pas un débardeur qu'elle porte, c'est plutôt un débordeur : y a tout qui déborde ! »

Lubrique

Magalie (4e), choquée :

« On a remarqué que certains profs faisaient exprès de passer derrière la CPE[15] *pour mater son boule ! »*

15. Conseillère Principale d'Éducation.

Lucide

Pour Léopold (5e), c'est match nul :

« Mes parents, y en a pas un pour rattraper l'autre ! »

❋

Justin (5e) est en pleurs :

« Monsieur Cenphyltre, il m'a dit que je pouvais me torcher avec mon contrôle ! »

Puis il réfléchit et reprend le plus sérieusement du monde :

« Et en plus, si je le fais et qu'il l'a corrigé, c'est lui manquer de respect ! »

❋

En cours, Samir (5e) a demandé à sa professeure bien en chair de se pousser car il ne voyait pas ce qui était écrit au tableau. L'enseignante s'est docilement exécutée. Pas assez aux yeux du collégien provocateur :

« Ouh là ! Mais c'est pas suffisant ! »

Dans mon bureau, à la suite de son exclusion pour insolence, Samir persiste et signe :

« Mais c'est vrai monsieur ! C'est peut-être pas de sa faute, mais je voyais rien ! Elle prenait toute la place ! »

❋

Wilfried (5e) a découpé une signature paternelle et l'a collée au bas de sa punition, ce dont sa professeure s'est évidemment rendu compte. Il m'explique pourquoi il a privilégié cette technique :

« La signature de mon père est trop dure à imiter. Madame Heuildelaincse aurait vu que c'était une fausse ! »

❋

Nicolas (5e), outré de l'attitude d'un camarade, me prend à témoin :

« Vous vous rendez compte, monsieur ? Il m'a traité de "sale Blanc" !

— C'est effectivement du n'importe quoi ! Heureusement que toi, tu es plus raisonnable : tu ne l'as pas traité de "sale Noir" !

— Bof... J'avais bien envie mais je ne pouvais pas ! Il aurait dit que j'étais raciste ! »

« Monsieur ! On peut choisir ses profs, pour l'année prochaine ?

— Ah non, Saba, ce n'est pas possible.

— Mais c'est pourtant votre intérêt ! Parce qu'avec certains je vais bien me comporter, et avec d'autres je vais mettre le bordel ! »

« Monsieur ! Je peux grimper sur le toit pour récupérer ma balle s'il vous plaît ?

— Tu sais bien que non, Pierrick ! C'est trop dangereux !

— Pas grave, je reviendrai quand le collège sera fermé !

— Ouh là ! Je ne veux rien entendre !

— Trop tard, vous avez entendu ! Mais vous ne pourrez pas faire le guet toute la nuit, alors… »

❋

Durant le cours d'EPS des 3ᵉ C, Virgil a frappé Gwénolé, qui l'avait insulté. Les deux atterrissent dans mon bureau. Virgil, apaisé, analyse la situation :

« En fait, vous êtes coincé : si vous me punissez, mes parents viendront vous voir parce qu'ils seront pas d'accord, et si vous me punissez pas, ce sont les parents de Gwénolé qui viendront. Si vous nous punissez tous les deux, ils viendront tous les quatre, et si vous nous punissez pas, ça veut dire qu'on peut recommencer. »

❋

Hadja (3e) a encore explosé en classe. Désormais calmée, elle se désole :

« Qu'est-ce que vous voulez ? Je sens bien que j'aurais besoin d'aller voir un psy, mais mes parents ne veulent pas ! »

Herbert (3e), inscrit depuis hier, a déjà été exclu de cours aujourd'hui. Je tente de parlementer, mais c'est lui qui met les choses au point :

« Il va bien falloir que vous me supportiez comme je suis : dans la région, y a plus aucun collège privé qui veut de moi ! »

Je lis le Code pénal à Maxence (3e), qui a commis une grosse bêtise. Ayant pitié de mon ignorance, il me dit d'un ton paternel :

« Mais enfin monsieur ! Vous savez bien que ce n'est jamais appliqué ! »

M

comme…

Macho

Je reçois Héloïse et Patrick (4e), qui se sont chamaillés. Je sermonne Patrick :

« On est des êtres humains, on ne se bat pas. Qui plus est, on ne frappe jamais une fille. Ne serait-ce que parce que, physiologiquement, les femmes font une chose extraordinaire que nous, les hommes, ne ferons jamais. Laquelle ? »

J'attends sa réponse – *« elles donnent la vie »* – pour enchaîner sur le nécessaire respect dû au genre féminin. Mais Patrick, fier d'avoir trouvé si facilement, me rétorque instantanément :

« Le ménage ! »

❋

Nathan (3e) se veut complice avec moi, « entre hommes » :

« Allez monsieur, avouez ! C'est quand même plus agréable de regarder madame Manecaint que madame Grossac ! »

Maladie

Alexandre (6e) a bouché les toilettes avec du papier W.-C. Involontairement d'après lui :

« Je vous jure, monsieur ! J'ai la diarrhée ! À chaque fois que j'avais fini, j'avais encore envie ! »

Mylène (6e) se prépare au pire :

« Ce matin, on a emmené ma mère à l'hôpital. Et je ne sais pas si je la reverrai, parce qu'elle n'a vraiment plus que la peau sur les os… »

❋

Owen (5e), pas déprimé pour un sou, ne perd pas le nord :

« Monsieur ! Vous pourrez demander aux profs qu'ils me mettent des bonnes notes sur mon bulletin ? Parce que ma mère, elle a dit que j'étais dépressif ! »

❋

« Alban ! Pourquoi as-tu tous ces morceaux de pain dans ta poche ? Tu sais très bien qu'il est interdit de sortir de la nourriture du self ! Tu avais encore faim ?

— Ouais… J'ai rien mangé… Le pain, ça nourrit, mais les épinards de ce midi, ça donne la chiasse. »

❋

Jordan (4e) a pulvérisé deux siphons dans les toilettes des garçons. D'habitude, c'est un élève calme, limite éteint. Je lui fais part de ma surprise :

« Mais qu'est-ce qui s'est passé, Jordan ?

— Excusez-moi, monsieur. Je suis désolé. C'est parce que j'avais pas pris mon médicament. »

⁂

Lucie (4e) est révoltée par l'injustice qui la touche :

« Monsieur ! Pourquoi ce sont toujours les autres classes qui vont en sortie et jamais nous ?

— Je ne sais pas, Lucie ! C'est un fâcheux hasard. Ce sont vos professeurs qui décident.

— Vous n'allez quand même pas me faire croire que tous les profs de la 4e B sont malades en car ? »

⁂

Je lis à Olivia (3e) le rapport que sa professeure a rédigé sur elle. La collégienne réfute les propos de son enseignante :

« Elle raconte n'importe quoi ! On voit bien qu'elle est dépressive ! »

« Monsieur ! C'est pas possible ! Monsieur Tépalat, il est encore absent ! On n'aura jamais le temps de terminer le programme !

— Je suis sincèrement navré pour vous, Félicie. Mais tout le monde a le droit d'être malade, même les professeurs !

— Ouais ben il faudrait peut-être lui dire qu'il a aussi le droit d'être là ! »

Maladroit

Katell (6e), écœurée :

« Monsieur ! À la cantine, y en a qui crachent dans le broc !

— Oh ! C'est répugnant !

— Et en plus, ils savent pas viser et y en a partout sur la table ! »

Malentendant

« Monsieur, c'est vrai que ce midi, au self il y a du fromage halal ?

— Pas halal, Rafik, à l'ail ! »

Face à moi, Manon (4e), air penaud et tête baissée. Je l'interroge d'un ton sévère :

« Pourquoi as-tu appelé ta professeure "Zigounette" ?

— Parce que je croyais qu'elle m'entendait pas ! »

Malheureux

Lucas (6e), la mine abattue :

« Cet été, en vacances, je voyais bien que ma mère elle avait un copain. Parce que le soir, elle sortait en minijupe. Et je lui ai dit de s'habiller comme ça la journée pour reconquérir papa. Mais elle n'a pas voulu. »

Jules, 14 ans et du poil aux pattes, pleure à chaudes larmes :

« On m'a volé mon doudou pendant la récré ! »

Méprise

« Monsieur, c'est parce que vous êtes le principal qu'il y a votre portrait sur le mur du collège ?

— Ce n'est pas mon portrait, Karim, c'est celui du baron Pierre de Coubertin, qui a donné son nom à notre établissement ! »

...AUCUNE RESSEMBLANCE ...

Météo

Bruno (3e) grommelle :

« Monsieur, pourquoi on peut pas rester à l'intérieur pendant la récréation ? Il fait froid dehors !

— C'est bon pour la santé, et ça aère tes neurones !

— Peut-être, mais ça me gèle aussi les couilles ! »

Mythomane

Zohra (4e) tente d'échapper à une journée d'exclusion :

« Je vous en supplie, monsieur ! Si vous faites ça, mon père, il me tue ! Et quand il me tue, je vous jure que ça fait mal ! »

N comme...

Naïf

Je reçois un coup de fil :

« Bonjour monsieur Romain ! Je m'excuse pour l'absence à Zacharie, en 6e C. Il est malade ! »

La voix me semble bien juvénile. Je réponds à mon interlocuteur :

« Merci monsieur, je transmets à la vie scolaire... Mais qui donc est à l'appareil ?

— C'est mon père, m'sieur ! »

Lilian (6e), curieux de nature :

« Monsieur, vous portez toujours une cravate ?

— Oui ! C'est ma manière de vous montrer le respect que j'ai pour vous, vos parents et vos professeurs.

— Mais vous la portez quand même pas pour dormir ? »

Narcoleptique

Je lis le rapport de l'enseignante et m'adresse à Hippolyte (4e) :

« Ce n'est pas possible ! S'assoupir en cours ! Tu n'as pas honte ? Tu te couches tard ? Tu passes ta nuit sur un écran ?

— Mais… m'sieur… Vous vous posez pas la question de savoir si c'est pas plutôt le cours de la prof qui nous endort ? »

Nature

Veille des vacances d'hiver. Je salue les collégiens qui sortent.

« Bonnes vacances, Isabelle ! Tu restes chez toi ou tu pars ?

— Je pars au ski demain ! Et vous, m'sieur ?

— Moi aussi !

— Soyez prudent, hein ! À votre âge ! »

❋

Entretien houleux dans mon bureau. Évan (6e), désignant ses parents assis à côté de lui d'un revers de main, m'exprime sans fard son opinion à leur sujet :

« Eux, je les aime pas. »

Négociateur

Fin juin. Jimmy, prévoyant, prépare sa 5e :

« Monsieur, si je vous avoue toutes mes bêtises depuis le début de l'année, est-ce qu'on remet les compteurs à zéro ? »

❋

À ma demande insistante, Bilal (4e) sort de son sac une chicha et tous les ingrédients qui vont avec, puis dépose le tout de mauvaise grâce sur mon bureau. Le fumeur professionnel refuse avec fougue que je lui confisque son matériel. Après d'âpres négociations, il revient à la raison mais pose ses conditions :

« O.K., mais alors vous me promettez de ne toucher à rien ! »

❋

Ali (4e) s'est fait prendre en possession d'un pistolet à billes en plastique. Je monte dans les aigus. Craignant une sanction très sévère, il laisse passer l'orage puis tente le tout pour le tout :

« Monsieur ? Comme c'était un faux pistolet, vous pourriez peut-être me punir pour de faux si je vous promets que c'est la dernière fois ? »

Néophyte

Hoang (6e) découvre le fonctionnement du collège :

« Monsieur ? Pourquoi on a un professeur par matière ? Ils ne savent pas tout faire ? »

Nerf olfactif

« Monsieur, pourquoi madame Ghalipète, elle nous oblige à enlever nos tennis dans la salle de gym ?

— C'est pour ne pas salir les tapis, Salomé.

— En tous cas, ça salit nos poumons. Parce que qu'est-ce que ça pue ! »

⁂

Adil (4e) avoue être celui qui a balancé une boule puante pendant le cours, mais minore le désagrément causé à la classe par son acte :

« De toute façon, respirer ça ou l'odeur du prof... »

⁂

« Monsieur, est-ce qu'on peut faire une quête dans la classe ?

— C'est très généreux de ta part, Lorris, mais ça dépend pour quelle raison…

— C'est pour acheter du parfum à monsieur Padigiaine… »

Noël

Allison (6e), les larmes aux yeux :

« Il n'y a même pas de sapin de Noël à la maison. Avant, quand papa et maman étaient ensemble, on en faisait un… »

Barbara (6e) requiert mon aide :

« Monsieur, vous auriez pas une idée de cadeau de Noël pour mon père ? Parce que j'ai demandé à ma mère mais elle m'a dit que j'avais qu'à me débrouiller toute seule et qu'elle, elle lui achèterait rien. »

Nounou

Guylaine, 15 ans et demi, justifie sa rentrée tardive – octobre – au collège :

« Il n'y avait personne pour garder ma fille. »

Nous (entre)

Margaux (6e) me donne son avis sur son professeur d'arts plastiques :

« Monsieur Daibutemps, on voit bien qu'il est stagiaire : c'est le bazar pendant son cours ! »

❋

Blandine (3e) me pose une question de confiance :

« Honnêtement monsieur, vous ne trouvez pas que madame Pamauthivez, c'est une prof qui en fait le minimum ? »

O

comme...

Obsolescence programmée

L'inquisitrice Lily (4e) m'interroge :

« Monsieur ? Vous avez déjà divorcé, vous ?

— C'est bien indiscret, comme question, la miss ! La réponse est non... Mais pourquoi me demandes-tu ça ?

— Parce que mon père, il a dit à ma mère que c'était impossible de rester toute sa vie avec la même femme ! »

Omerta

Riri, Fifi et Loulou – tous trois en 4e –, fortement suspectés d'avoir dégradé du matériel, sont alignés devant moi. Après un quart d'heure de palabres, Riri confirme les dires de plusieurs témoins anonymes :

« Monsieur j'avoue. C'est moi qui l'ai cassé. J'assume et je m'excuse. »

Fifi, fidèle grognard d'entre les fidèles, défend son copain jusqu'au bout :

« Non m'sieur, je vous jure, c'est pas lui ! »

Riri s'agace devant la bêtise de son lieutenant :

« Mais arrête tes conneries ! J'ai avoué ! C'est plus la peine de mentir ! »

⁂

« Monsieur ! Les profs, ils ont le droit de se garer sur la place handicapés ?

— Bien sûr que non, Yaëlle ! C'est évidemment réservé aux personnes en situation de handicap ! Pourquoi cette question ?

— Oh, pour rien ! Je suis pas une balance ! »

C'EST PAS LUI M'SIEUR.
NAN MAIS ARRÊTE !
J'AI DÉJÀ AVOUÉ JE TE DIS !

⁂

« Monsieur ! Vous pouvez m'enlever l'heure de colle que m'a donnée monsieur Leflique s'il vous plaît ? Parce que ce n'est pas moi qui ai hurlé dans les couloirs !

— Mais enfin Sandra, pourquoi ne l'as-tu pas dit calmement à monsieur le CPE quand il t'a punie ?

— Ben... C'était sa fille la coupable ! Je n'allais quand même pas la dénoncer à son père ! »

Orientation professionnelle

« Monsieur ! Ça gagne bien, principal ?

— Suffisamment, je n'ai pas à me plaindre. Mais je ne suis pas millionnaire non plus !

— Et il faut faire beaucoup d'études ?

— Un peu quand même, oui !

— Donc, c'est mieux d'être dealer ! »

Orphelin d'amour

Hier soir, Anatole (6e) a mis trois heures à rejoindre le domicile familial. Ses parents, affolés, ont appelé le collège, puis prévenu la police municipale. Ce matin, le bébé fugueur m'avoue à demi-mot qu'il avait prémédité son acte :

« Comme ça, ils ont vu ce que ça faisait, de s'inquiéter quand on rentre tard ! »

❋

J'annonce à Mehdi (5e) que, à la suite de son énième bêtise, j'ai rendez-vous avec son père. Réponse immédiate du petit :

« Eh bien au moins, pour une fois, il va s'occuper de moi ! »

❋

Je demande à José (5e) l'état de ses relations avec ses parents. Il pousse un long soupir et lâche :

« Oh ! Ils me font à manger, c'est déjà ça... »

❋

Dialogue difficile dans mon bureau. Cédric (5e), qui refuse de travailler en classe, est assis face à moi, buté, fermé comme une huître. J'essaie de jouer sur la corde sensible : papa maman. Ces derniers sont malheureux de cette situation, ils travaillent dur pour lui, ça leur ferait plaisir s'il s'investissait au collège, etc. Je termine mon sermon en lui posant une question, pour moi toute rhétorique :

« Car enfin, Cédric, tes parents, tu les aimes pourtant bien ! »

Réponse instantanée du Gavroche :

« Ben non, justement ! »

❋

Ophélie, treize ans depuis hier, la voix tremblante :

« Mes parents, ils ont oublié mon anniversaire ! »

Ouest (complètement à l')

8 h 15, portail de l'établissement. Mezut (6e) passe devant moi et me salue :

« Bonjour monsieur ! Vous avez vu le film, hier, sur TF1 ?

— Ah non !

— Moi non plus. Au revoir monsieur ! »

« Salut m'sieur !

— C'est poli de me saluer, Tex, mais on dit plutôt "bonjour" quand on s'adresse à un adulte.

— Ah... O.K. !

— Ce n'est pas grave, c'est l'intention qui compte... Tu peux y aller. Bonne journée à toi !

— Merci m'sieur, à vous aussi ! Salut ! »

❋

Récréation, couloir du bâtiment B. J'appréhende un petit 5e.

« Demis, qu'est-ce que tu fais ici ? Tu sais bien que c'est interdit de traîner à l'intérieur !

— C'est pas ma faute, m'sieur ! J'ai suivi mes pieds ! »

❋

Je réprimande une nouvelle fois Mansour (5e), qui entre au collège la tête couverte.

Moi, ton las :

« Enlève ta capuche ! »

Lui, air innocent :

« Mais ! M'sieur ! J'ai mal aux yeux ! »

Oups !

Imbroglio entre deux élèves autour d'une carte de cantine qui a disparu. Je cuisine Naël (5e) :

« Bon alors ! Finalement, elle est où, cette carte de self ?

— Dans mon cul… Euh, dans mon casier ! Dans mon casier, monsieur, excusez-moi ! »

❋

Le bulletin de Charlène (5e) nous est revenu : « adresse inconnue ». Je convoque la collégienne et lui demande où habite désormais sa mère.

« Elle n'a plus d'adresse, monsieur. Elle vit à l'hôpital, elle est en soins palliatifs. »

❋

Je passe une méga soufflante aux 5e B. Au premier rang, un des élèves somnole, affalé sur sa table, la tête entre les bras. Je monte encore plus en pression :

« Dis donc, ça ne te gêne pas que je parle pendant que tu dors ? »

La marmotte relève la tête, honteuse :

« Oh ! Excusez-moi monsieur, je l'ai pas fait exprès ! »

Aïe ! Il s'agit de l'adorable Lorenzo, médicalement reconnu narcoleptique…

⁂

Je convoque Éric (5e), soupçonné de déclencher intempestivement les alarmes incendie du collège, afin de lui expliquer que cet acte peut avoir de graves conséquences :

« Si les pompiers se déplacent ici et que, au même moment, ta maman fait un malaise à la maison… »

Éric n'a pas enregistré le début de la phrase. Il pâlit, murmure *« Ma mère a fait un malaise »*… et s'évanouit.

Sa maman est en phase terminale de cancer…

Oxymore

Adèle (3e), bigrement remontée contre son professeur d'histoire-géographie :

« Avec lui, c'est la dictature de la démocratie ! »

P
comme...

Paranormal

Leïla (6e) réalise :

« Mais alors... le documentaliste... c'est une sorte de mentaliste ?! »

Parasite

Départ pour la sortie scolaire dans un quart d'heure. Nabila (6e) n'a pas apporté de pique-nique. Je lui propose d'appeler sa mère en urgence – la famille habite tout près du collège. Inutile selon elle :

« Ce n'est pas la peine, monsieur, elle ne voudra pas. Elle m'a dit qu'il y aura bien quelqu'un qui me donnera à manger. »

Pédagogue

Dimitri (5e) est favorable aux nouvelles modalités d'évaluation par compétences :

« Maintenant qu'il n'y a plus de notes, je ne me fais plus taper par mon père ! »

Pessimiste

Pour Manuel (4e), l'avenir s'annonce sombre :

« De toute façon, ma vie est foutue. Je voulais entrer dans l'armée, mais après la connerie que j'ai faite, ils voudront jamais... »

Philosophe

Une professeure vient récupérer sa classe dans la cour, à son emplacement. Elle demande aux élèves de se ranger correctement. Hervé (5e) émerge du conglomérat et l'apostrophe :

« Et pourquoi il faut se ranger par deux et pas par trois ? »

Phobie administrative

Elsa (5e) n'a pas rendu le document qu'elle devait faire signer. Elle plaide coupable, mais avec circonstances atténuantes :

« Vous savez monsieur, mes parents, ils sont tous les deux médecins, et c'est le bordel absolu dans leur bureau. Il y en a partout ! Qu'est-ce que vous voulez que je vous dise ? Ils l'ont encore perdu, à tous les coups ! »

Pipeau

« Dix minutes de retard ! C'est vraiment exagéré, Delphine !

— Désolée monsieur, c'est à cause de la circulation !

— Arrête de dire n'importe quoi ! Je sais très bien que tu viens à pied !

— Oui mais justement, je n'arrivais pas à traverser la rue à cause de la circulation ! »

Plastique

Loïc (3e), dithyrambique :

« La remplaçante de madame Hankonjer, elle est vraiment super. Et en plus, elle est canon ! »

Poète

Brandon (6e) oscille :

« Monsieur !... Quand quelqu'un vous emmerde, il vaut mieux lui dire "connard" ou "va chier" ? »

❋

Younes se dispute avec son frère jumeau. Il lui sort l'argument ultime :

« Fils de pute ! »

❋

« Ouh là ! Que se passe-t-il ? Dis-moi pourquoi tu pleures, Sacha !

— C'est les autres ! Ils arrêtent pas de chanter "Un Sacha sachant chasser doit savoir chasser sans chier dans ses chaussures" ! »

❋

Grégory (6e) vient se plaindre :

« Monsieur ! Dans les chiottes...

— Dans les toilettes, tu veux dire ?

— Non non ! Dans les chiottes ! »

❋

« Monsieur ! Pourquoi il y a des flics devant le collège ?

— On ne dit pas "flics", Cyril, on dit "policiers".

— Alors là, vous êtes bien le seul à les appeler comme ça ! »

❋

« Noureddine ! Un peu de respect ! On ne dit pas d'une fille qu'elle est "bonne" !

— Mais... m'sieur ! Je peux quand même pas dire qu'elle est "baisable" » !? »

⁂

Fin de ma leçon de morale à l'adresse de Philippe (3e), qui n'en fiche pas une :

« C'est clair ? »

Le fainéant fait la synthèse de mon discours en grognant :

« Ouais... En gros, il faut que j'en branle un peu plus, quoi ! »

⁂

Nabil (3e) a traité un assistant d'éducation de « crevard » car ce dernier refusait de lui garder ses cigarettes. Le collégien fumeur se dédouane :

« Vous comprenez monsieur, si mon père voit le paquet à la maison, il me tue. Et j'avais demandé poliment au surveillant. Et il m'a dit non ! Alors c'est lui qui m'a provoqué, c'est pas moi ! »

Johan (3e) ne supporte plus un de ses camarades :

« C'est tous les jours monsieur ! Tous les jours, il me fait chier ! »

Je reprends le charretier :

« Aïe ! Qu'as-tu dit ? J'ai les oreilles qui saignent ! Il te contrarie ? Il t'importune ? Il t'embête, c'est ça ?

— Non, monsieur ! S'il faisait que m'embêter, je viendrais pas vous le dire ! Mais là, il fait vraiment chier ! »

Police

Brandissant le carnet de liaison de Khalil (4e), je commente à haute voix le mot que sa mère y a écrit :

« Absent toute une journée pour un simple "rendez-vous administratif" ! Qu'est-ce que c'est que cette histoire ? Il y avait du monde ? Vous avez fait la queue ?

— Euh... Non... C'est que j'ai été convoqué chez les flics et ils m'ont mis en garde à vue ! »

Cette fois, Yann (3e) a une bonne raison d'être en retard :

« J'étais chez les flics. Et je vous garantis qu'ils sont pas pressés, au commissariat ! »

Politesse

Yaëlle (4e) se retrouve dans mon bureau à la suite de son refus de donner son carnet de liaison à sa professeure. Mais elle ne regrette pas son geste :

« Elle ne me le demandait pas poliment ! »

❋

Océane trouve que, question relations humaines, son professeur d'anglais abuse :

« Vous verriez comment il nous parle, monsieur Eaglefour ! C'est de l'outrage à élève ! »

❋

Hermine (3e) me raconte son exclusion de cours :

« À la fin du devoir, j'ai bien tendu ma copie au prof, mais j'attendais qu'il me dise merci pour la lâcher. Et ça l'a énervé. »

Politique

Thugal (6e) se projette dans l'avenir :

« Moi, je serai jamais président de la République, parce que je me vois pas franchement me marier avec ma prof de français ! »

Pompier

« Monsieur, c'est vrai que vous avez été pompier ?

— C'est vrai, oui... sapeur-pompier volontaire... Mais c'était il y a bien longtemps !

— Moi aussi, je voudrais l'être !

— Je te souhaite de réaliser ton rêve, Aymeric, car c'est un beau métier !

— Et c'est vrai que ça marche bien, avec les filles ? »

« Monsieur, il paraît que vous avez été pompier !

— Exact, mais volontaire seulement !

— Mon père, il vous demande pour rire si vous avez toujours pon pied pon œil ! »

Pragmatique

« Monsieur ! Je vais avoir un petit frère !

— Bravo, Nelly ! Tu féliciteras tes parents de ma part !

— Ouais ! Mon père, il a dit que, comme ça, on pourra avoir une maison ! »

❋

« Moussa, je t'annonce que tu seras en retenue lundi prochain de 16 h à 17 h.

— Je serais vous, je me collerais plutôt mardi : je termine à trois heures, ça m'embêtera encore plus ! »

❋

« C'est du n'importe quoi, Estéban ! À quoi joues-tu ? Tu files un mauvais coton ! Je te colle mercredi, pour que tu réfléchisses un peu à ton attitude actuelle !

— Excusez-moi monsieur, mais ce ne sera pas possible avant les vacances : je suis déjà collé ce mercredi et celui d'après ! »

AH-AH ! IL VA PEUT-ÊTRE FALLOIR M'ENLEVER QUELQUES HEURES DE COURS POUR QUE J'AILLE EN COLLE !

Précis

Récréation. J'effectue ma ronde au 2e étage. Bruit de cavalcade. Arnold (4e) déboule à toute vitesse d'un couloir et se jette presque sur moi. Je l'interroge de ma grosse voix :

« Que fais-tu, à courir dans les couloirs au lieu d'être dehors ?

Pas démonté pour deux sous, le chenapan me corrige :

« Je cours pas, monsieur, je marche vite, c'est tout ! »

❋

J'ai devant moi Fanny (4e), enfant naturelle d'une mère deux fois divorcée et maintes fois séparée. Alors que, au cours du dialogue, je fais allusion à son père, elle m'interrompt :

« Quel père ? Faut préciser, monsieur ! »

Prémonition

Nadia (4e) sollicite une faveur de ma part :

« Monsieur, vous pourriez pas me virer une semaine ? Parce que là, je sens que je vais péter les plombs, alors ça vaudra mieux pour tout le monde ! »

Pressé

Otman (6e), qui a uriné le long de la haie du collège pendant la récréation, m'assure qu'il ne pouvait pas faire autrement :

« C'était méga urgent, monsieur ! Et en plus, il y avait la queue aux toilettes ! »

Prison

15 décembre. Kévin (6e) me fait part de sa déception :

« Mon père, comme il se drogue, il doit voler pour en acheter. Et comme il est malin, les gendarmes ont du mal à l'attraper. Mais là, il s'est fait toper et il est en zonzon. Et c'est dommage parce que d'habitude, je passe Noël chez lui. »

❋

Ségolène (6e) me tend sa punition signée. Je l'interroge :

« Alors ? Qu'est-ce qu'elle a dit, ta maman ?

— Elle a dit que j'allais finir comme mon père.

— Ah bon ? Et ton père, que fait-il ?

— Il est en prison. »

❋

« Monsieur, c'est vrai que vous habitez dans le collège ?

— Oui, c'est exact.

— Et vous n'avez pas l'impression d'être prisonnier ? »

Profs (relations avec les)

Julien (4e), fils d'un inspecteur :

« Monsieur ? C'est vrai que demain, mon père il va venir voir madame Jangoasse ? Elle nous a prévenus mais lui, il ne m'a rien dit ! »

Je demande à Laurent (4e) pourquoi il chahute avec certains professeurs mais pas avec son enseignante de français.

« C'est parce que madame Grattadonphe, c'est une prof de l'ancien temps. Et dans l'ancien temps, on respectait les profs ! »

❋

Désirée (4e) refuse de suivre son enseignante de SVT[16] jusque dans la classe :

« Elle, elle est possédée ! Il faut faire quelque chose, monsieur le principal ! »

. Sciences de la vie et de la terre.

Progrès

Je reproche à Farid (3e) de recommencer comme l'année dernière, à savoir à nouveau se montrer violent envers les autres. Il préfère voir le verre à moitié plein :

« Oui mais cette année, je n'ai pas d'arme ! »

Proposition (honnête)

Je rends visite à Julie (3e), en stage d'observation dans un salon de coiffure. Forte de ses deux jours d'expérience, elle me propose gentiment :

« Monsieur, si vous voulez, je vous fais une coupe vite fait ! »

Propriété privée

Pour Ilyès (3e), il est tout à fait normal d'avoir frappé le camarade qui discutait avec « sa » copine :

« Ben quoi ? C'est ma meuf, il a pas à lui parler ! »

DRÔLE D'HAIR
TOUT DE MÊME, C'EST FORMIDABLE CES STAGES DE 3e !
-SAM-

Provocateur

Khalil (3e) fait semblant de ne pas comprendre pourquoi sa professeure l'a envoyé dans mon bureau :

« En plus, je lui parlais même pas ! Je disais juste aux autres que la photo de classe, ce serait mieux sans elle ! »

⁂

Jonathan (3e) a apporté du cannabis au collège. Se voyant découvert, il a jeté son sachet dans les buissons qui longent la clôture. Une fois dans mon bureau, il nie tout en bloc :

« Vous avez qu'à brouter la pelouse, vous verrez s'il y a de l'herbe ! »

⁂

Anissa (3e) est accusée de vol de portable. Elle écarte les bras et les jambes en me défiant du regard :

« Vous pouvez me fouiller si vous voulez… Vous savez ce que vous risquez ! »

Prudence

Jean-Yves (3e), un mètre quatre-vingts :

« Cette année, les 6e, ils sont tellement petits qu'il faut faire gaffe à pas les écraser dans les couloirs ! »

Puberté

Accompagné d'un délégué, Yanis (5e) se présente à mon bureau :

« La prof, elle m'a viré de son cours juste parce que j'ai dit "c'est dégueulasse" ! »

— Mais pourquoi as-tu dit ça ?

— C'est à cause de Noa !... Il me montrait les poils qu'il avait sur son sexe, et c'est vrai que c'est dégueulasse ! »

Pudique

Tiphaine et Marie – toutes deux en 6e – se sont chamaillées. L'affaire se règle rapidement. Je conclus :

« Allez les filles, c'est fini ! Faites-vous la bise ! »

Tiphaine ouvre des yeux ronds comme des soucoupes et me questionne, horrifiée :

« Sur la bouche ? »

« Monsieur ! C'est vraiment obligatoire, la piscine ?

— Bien sûr, Tom ! Comme le français et les mathématiques !

— Ouais... Sauf qu'en maths, on ne se met pas à poil devant tout le monde ! »

Punition

Nasser (5e), multirécidiviste, vient de subir son énième remontée de bretelles. Fataliste, il quitte mon bureau en me saluant d'un :

« Bon ben... Merci monsieur... À bientôt je pense ! »

J'annonce à Dorine (5e) qu'elle sera en retenue demain. Chose étonnante, je la sens soulagée. Spontanément, elle m'en indique la raison :

« Ah ! Merci monsieur ! Parce que c'était vraiment pas juste que je sois pas punie alors que je faisais partie du coup ! »

Q

comme...

Quartier

Je reproche à Tarik (6e) de ne pas avoir fait ses devoirs. Une fois de plus…

Et une fois de plus, il a une bonne excuse :

« Vous savez monsieur, là où j'habite, on essaie d'abord de rester vivants. Alors les devoirs… »

Question (dérangeante)

Liam, 6e :

« Monsieur ! Ça veut dire quoi "botoxé" ? »

Moi, méfiant car soucieux de ne pas commettre une énième gaffe :

« Pourquoi me demandes-tu ça ? »

Liam, innocent et désireux d'enrichir ses connaissances :

— Parce que il y a des grands qui disent que madame Trètyrer, elle est "botoxée" ! »

❋

Kadija (4e), sérieuse comme un pape :

« Monsieur, est-ce que ce sont les profs qui choisissent leurs classes ?

— En quelque sorte, oui.

— Alors pourquoi madame Contancieux, elle a pris les 4e B alors qu'elle ne peut pas me sentir ?

— …

— Et est-ce que, pour l'année prochaine, moi, je peux choisir mes profs s'il vous plaît ? »

Artémis (4e), future Coco Chanel :

« Monsieur ! Les profs, ils sont tous payés pareil ?

— Ça dépend de leur ancienneté, mais à peu près, oui.

— Alors pourquoi il y en a qui s'habillent avec des marques et d'autres chez Kiabi ? »

⁂

Nora (3e), qui a tenté d'aller sur un réseau social tandis qu'elle était en salle informatique avec sa classe, a été exclue du cours. Elle trouve la mesure injuste :

« Et pourquoi, au CDI, le documentaliste il est toujours sur Facebook et on lui dit rien ? »

⁂

« Monsieur, on a le droit d'utiliser son portable, au collège ?

— Tu sais bien que non, Évelyne !

— Alors pourquoi madame Hegzanplère, elle m'a mis une croix pour insolence dans mon carnet de liaison quand je lui ai dit qu'elle n'avait pas le droit de téléphoner dans le couloir ? »

Félicien (3e), détective privé :

« Monsieur ! Tout à l'heure, quand vous êtes passé dans les classes pour l'histoire de l'odeur du shit, ça vous est pas venu à l'idée que ça pouvait aussi être un prof ? »

Question (existentielle)

« Monsieur, est-ce qu'on a le droit de se marier avec la fille de sa belle-mère ?

— Ben… Oui, je pense.

— Et avec son fils ?

— Ben… Oui aussi, je crois… Pourquoi ?

— Parce que je ne sais pas encore si je suis un garçon ou une fille ! »

Boubacar (6e), à propos du gel hydroalcoolique dont les élèves s'enduisent les mains chaque matin :

« M'sieur ? Pourquoi le gel, on dit que c'est du gel, alors que c'est même pas froid ? »

Question (innocente)

Norbert (6e) cherche à se cultiver :

« Monsieur ! Hier, mon père il a dit à ma mère qu'il en avait marre de dormir à l'hôtel du cul tourné. Ça veut dire quoi ?

❋

Barthélémy (6e) ne sait pas comment prendre la chose :

« Monsieur ! Y a un troisième, il m'a dit que j'étais encore puceau ! C'est une insulte ou pas ? »

❋

Apolline (5e), inquiète :

« Monsieur, c'est grave, la ménopause ?

— Euh...

— Parce que ma mère, elle est malade et elle a dit qu'elle espérait que c'était pas la ménopause ! »

Question (rhétorique)

Mine de rien, Patricia (4e) dénonce :

« Monsieur ! Madame Létassaimoa, elle nous a dit qu'elle en avait rien à foutre du règlement du collège, et que dans sa salle, c'est elle qui faisait sa loi. Elle a le droit ? »

Question (saugrenue)

Djibril (3e) me demande sans trop d'espoir :

« Monsieur ?! Notre stage[17], est-ce qu'on peut le faire dans un business pas forcément autorisé ? »

17. Stage d'observation en entreprise, obligatoire pour tous les élèves de 3e.

LA JUSTICE... C'EST MOI !
LA LOI... C'EST MOI !
...ET LA RÉPUBLIQUE, C'EST MÉLENCHON
PRRRT.
-SAM-

Quiproquo

La délurée Audrey (4e) me confie, désespérée :

« Monsieur ! Samedi, avec mon copain, on a fait un truc, et maintenant, ça fait plein d'histoires avec mes parents ! »

Je me pince – non, ce n'est pas un cauchemar – en déglutissant, puis pose *la* question dont je pense connaître la réponse :

« Aïe ! Et qu'est-ce que vous avez fait ? »

Audrey, baissant la tête :

« On a volé de l'argent dans le portefeuille de mon père pour acheter des cigarettes, et maintenant, il accuse ma mère ! »

R comme...

Ramadan

Dalila (3e) trouve l'idée du jeûne guère enthousiasmante :

« Le jour on mange pas, la nuit on bouffe trop, et à la fin on devient grosse comme une baleine. »

Récidive

Gros conflit élève-enseignant dans mon bureau. Je suis chargé d'arbitrer le différend.

Le professeur, désignant Firdaous (3e), commence ses récriminations :

« Cette petite prétentieuse... »

La collégienne le coupe, triomphante, et me lance :

« Vous voyez ! Il recommence ! Vous êtes témoin que ce n'est pas moi qui ai commencé ! »

Récupération

Lundi 8 h 30. Taïs (3e), collégien la semaine et espion le dimanche :

« C'est bizarre que monsieur Bonnekuite, il soit absent aujourd'hui ! Parce qu'hier au tournoi de foot, quand ils fêtaient leur victoire, il pétait la forme ! »

Déborah (3e) sort de l'infirmerie. Je prends de ses nouvelles :

« Ça va mieux, Déborah ?

— Oh, en fait, j'étais pas vraiment malade ! J'avais juste besoin de dormir un peu parce que j'ai trop fait la teuf ce week-end ! »

Ewann (3e), m'explique avec franchise pourquoi il vient d'être exclu de cours :

« La prof, elle parlait trop fort et ça m'empêchait de dormir. Alors ça m'a énervé. »

Religion

Je demande à Kader (3e) la raison pour laquelle, en arts plastiques, il n'a pas voulu peindre son dessin. Réponse :

« Les pinceaux c'est fait avec des poils de porc ! »

❋

Au self, Ratiba (3e) me dévoile pourquoi elle refuse de manger du veau :

« Parce que c'est le petit du porc ! »

❋

Amir (3e), qui est arrivé en retard au collège, s'échauffe avant même que je lui formule la moindre remarque :

« On était à la mosquée ! Vous ne pouvez rien me dire ! »

Remontada

Ludivine (3e), fan de foot, m'expose son problème :

« Monsieur, vous savez que le Barça a éliminé Paris !?

— Oui, je suis au courant…

— Et pourtant, il y avait eu 4 – 0 à l'aller !

— Oui… C'est vrai que c'est un sacré exploit ! Et donc ?…

— Alors j'avais dit à Bryan que, excusez-moi l'expression, je lui ferais une pipe si le Barça se qualifiait. Mais moi, je disais ça pour rire ! Et maintenant, il veut que je lui en fasse une ! Il dit à tout le monde que je n'ai pas de parole ! »

Répartie

Blaise (4e) me détaille les circonstances de son exclusion de cours :

« La prof, elle m'a dit qu'avec ma mèche, je ressemblais à Justin Bieber. Alors moi, je lui ai répondu qu'elle, elle ressemblait à Obélix. »

❋

Inaya (4e), une nouvelle fois mise en retenue, s'agace :

« Des colles, toujours des colles ! Vous manquez d'imagination ! »

❋

Clémence (4e) me demande l'autorisation de se défendre :

« Monsieur ! Il y a des garçons de ma classe qui disent que j'ai un gros cul... Est-ce que je peux leur dire qu'ils ont une petite bite ? »

❋

Hadja (3e) me donne la raison de son exclusion de cours :

« La semaine dernière, la prof, elle m'a dit que le jour où je saurai mes leçons, il neigera du boudin !

— Oui… Et alors ?

— Eh bien aujourd'hui, je la connaissais, ma leçon. Alors je lui ai dit qu'il ne neigeait pas et ça lui a pas plu. »

Repérage

Hicham (5e) se renseigne :

« Monsieur ! Est-ce que la caméra de l'entrée, elle filme la nuit ? »

Résolution (bonne)

« Bonne année, monsieur Romain !

— Bonne année Yvan ! Alors, as-tu pris de bonnes résolutions pour 2022 ?

— Oui monsieur ! J'ai promis à mes parents qu'au collège j'allais me sortir les doigts du cul ! »

Respect

Ilyès (4e) entre dans mon bureau, brandissant son bulletin trimestriel tel le procureur une preuve irréfutable :

« Monsieur ! Madame Quacente, elle m'a manqué de respect !

— ... ?

— Regardez son appréciation ! Elle a écrit que je pouvais mieux faire ! »

Responsable (mais pas coupable)

Steeve (4e) s'est sauvé du collège en escaladant la clôture. Mais, d'après lui, ce n'est pas de sa faute :

« C'est à cause des surveillants : ils avaient fermé le portail à clé ! »

Réveil (douloureux)

Clara (3e) trouve que son professeur parle trop fort :

« Quand le matin à huit heures on a monsieur Spidou et qu'on a la tête dans l'cul, c'est le Morning Live[18] *! »*

18. Émission de télévision au cours de laquelle l'animateur réveillait des gens en hurlant dans un porte-voix.

Rien (qui ne doute de)

Hakim (6e) ne connaît pas son adresse. Je m'en étonne :

« Mais comment feras-tu si un jour tu es contrôlé par la police et qu'elle te demande où tu habites ?

— J'en ai rien à foutre de la police. Elle a rien le droit de me dire, je fais ce que je veux, je me balade où je veux ! »

Rupture (amoureuse)

Drame amoureux chez les 5e C. Théodore m'éclaire sur la raison impérieuse qui l'a poussé à mettre fin à une idylle d'au moins trois jours :

« Lydie, c'est plus ma copine : elle m'a dit qu'elle pouvait pas encore avoir d'enfant. »

Gabriel (4e) est au trente-sixième dessous : sa copine vient de le quitter. Il extrapole :

« C'est mon père qui a raison ! Les filles, c'est toutes les mêmes ! Il y en a pas une pour rattraper l'autre ! »

S

comme…

S.D.F

« Monsieur ? Vous pouvez me rendre mon portable s'il vous plaît ? Parce que ma mère, elle m'a envoyé le nouveau code du digicode par SMS, et là, je ne peux pas rentrer chez moi ! »

Secret

« Monsieur, je peux pas faire ma colle !

— Ah bon ? Pourquoi ?

— J'ai un rendez-vous !

— Et tu n'as pas de mot de tes parents ?

— Ben... C'est qu'ils sont pas trop au courant...

— Et qu'est-ce que c'est, ce rendez-vous ?

— J'ai pas le droit de vous le dire, monsieur, c'est du business ! »

❋

Élodie (6e) quitte le collège demain :

« On va habiter chez mon papy parce qu'on se fait expulser. Mais il faut le dire à personne. »

Self

En sortant du restaurant scolaire, David (6e) joue les critiques gastronomiques :

« La bouffe, elle est vraiment infecte !

— Que dis-tu ? J'ai mal compris… Exprime-toi correctement s'il te plaît !

— Pardon m'sieur… La nourriture, elle est vraiment dégueu ! »

⁂

Lenny (3e), courageux mais pas téméraire, proteste énergiquement :

« Monsieur ! Y a la date limite de consommation du fromage blanc qu'est dépassée ! »

Et ajoute à voix basse :

« Comme madame Kroulante ! »

Séries (loi des)

Vladimir (3e) déprime :

« Hier, on a perdu au basket, ce matin, je me suis pris une banane[19] *en maths, et ce midi, je me suis fait larguer. C'est vraiment la lose, en ce moment ! »*

Sexe

Je demande à Jean-Luc (6e) des nouvelles de sa sœur, qui était en 3e l'année dernière. Il regarde sa montre, réfléchit et suppute :

« Oh ! À cette heure-là, elle doit encore être au lit, avec son copain ! »

19. Mauvaise note.

Le délégué des 5e A s'est éclipsé discrètement de sa classe pour venir me voir. Il me raconte le début du cours :

« La prof, elle s'est assise sur son bureau. Avec sa minijupe, on voyait sa culotte. Elle nous a dit qu'elle était une cougar, que nous on était un peu jeunes mais qu'elle se taperait bien les surveillants parce qu'il y en avait qui étaient mignons ! »

⁂

Au CDI, Mounir (4e) s'est connecté à un site pour adultes. Il tente de m'amadouer :

« Allez, m'sieur... Quand vous aviez mon âge, vous l'avez bien fait, non ? »

⁂

Denis (4e), un mètre trente maximum, totalement imberbe :

« Monsieur, est-ce qu'on peut ramener des filles dans notre chambre, à l'internat ? »

⁂

Durant un cours en salle informatique, Killian (4e) a essayé de visiter un site internet pornographique. Je tente de l'impressionner :

« Et si j'appelle tes parents pour leur dire, comment vont-ils réagir ? »

Ma menace tombe à plat :

« Ils s'en foutent : à la maison, on regarde souvent des films de cul ! »

❋

Brahim (3e) s'est fait prendre dans les toilettes des filles. Il tente d'échapper à la punition :

« Mais si je vous dis que je suis "no genre", j'ai le droit ! Et vous pouvez pas me coller !? »

Soldes

Deuxième heure de retenue de l'année pour Samira (3e). Réaction mi-figue, mi-raisin :

« Ah ben j'espère qu'au bout de trois, vous m'en mettrez pas une gratuite ! »

ALORS SAMIRA, ENCORE COLLÉE ?
CARTE DE FIDÉLITÉ

Solidaires

Bénédicte (6e) a absorbé des médicaments et de l'alcool dans les toilettes du collège, à l'heure exacte où ses parents passaient au tribunal afin d'officialiser leur divorce. Sa copine m'explique pourquoi elle lui a fourni tous les ingrédients :

« Moi, je sais à quel point on souffre car je l'ai déjà vécu. Alors je lui ai apporté ça pour l'aider à se suicider. Je l'ai vu sur Facebook. »

❋

Salim (3e) qui, en se battant, a cassé le nez de son adversaire, me tend une feuille :

« C'est une pétition pour pas que je sois viré. Et il y a plein de signatures, vous pouvez voir ! »

Sonnerie

Boris (6e) veut éclaircir un mystère :

« Monsieur ! Les profs aussi ils se rangent, quand ça sonne ? Et c'est vous qui allez les chercher ? »

Sophisme

Chloé (3e) tente de me convaincre du bien-fondé de son raisonnement :

« Si on rend un DM en retard à monsieur Rygyd, il nous retire des points. O.K. Mais lui, ça fait trois semaines qu'il a nos copies. On devrait avoir des points en plus, non ? »

Sportif

Les larmes aux yeux, Jérémy (5e) se réfugie dans mon bureau et me lance un appel au secours désespéré :

« Monsieur ! Je suis harcelé !

— Assieds-toi Jérémy, et explique-moi. C'est grave, ce que tu me dis.

— Eh bien, je suis supporteur du PSG, et ils se moquent tous de moi parce que Paris est éliminé ! »

❋

Dylan (5e) ne s'est pas remis du confinement. Il a encore du mal à réaliser le calvaire qu'il a vécu :

« C'était complètement ouf ! Y avait plus de foot à la télé ! »

❋

Miguel (4e) ne vit que pour le football, et ses résultats scolaires s'en ressentent.

Moi :

« Tu sais Miguel, dans la vie, tu as plus de chances de t'en sortir par les études que par le foot ! »

Lui :

« Sans vous manquer de respect, monsieur, ça m'étonnerait que vous gagniez autant que Ronaldo ! »

*

« Monsieur, c'est vrai que monsieur Laflèche[20], il a couru aux championnats de France d'athlétisme ?

— Exact, Raphaël. Sur 100 m.

— C'était il y a longtemps, alors ! »

20. Professeur d'EPS.

Surnom

Rémi (3e) trouve son exclusion bien sévère :

« Vous savez monsieur, si on appelle notre prof "Hitler", c'est pas pour rien ! »

T

comme…

Taïaut !

Lors d'une course d'orientation, Sullivan (5e) s'est « amusé » à poursuivre une camarade en brandissant un couteau. Mais il ne voulait pas lui faire de mal :

« C'était juste pour jouer à Scream[21]*, m'sieur ! »*

21. Film d'horreur.

Télévision (passage à la)

« Monsieur ! C'est vrai que vous êtes passé à la télé ?

— Oui, c'est exact.

— Alors vous êtes comme Cyril Hanouna !? »

« M'sieur ! Je vous ai vu à la télé ! Ça fait bizarre, vous êtes pas du tout comme en vrai !

— Ah bon ! Pourquoi ?

— Parce que vous aviez pas de cravate, et au collège, vous en avez toujours une ! »

WHAAA M'SIEUR ...
... 'POUVEZ NOUS SIGNER UN AUTOGRAPHE ?
-SAM-

Oussama (6e), incrédule :

« Monsieur ! C'était vraiment vous à la télé, hier ? »

Moi, ne sachant trop que répondre :

« Oui mais, tu sais, il n'y a rien d'extraordinaire à cela ! »

Oussama, admiratif :

« Ah si ! Maintenant, vous êtes une star ! »

❋

« Monsieur ! Il paraît qu'hier, vous êtes passé sur France 3 !

— Oui, effectivement.

— Et comment il faut faire pour y passer ? »

❋

« Monsieur ! On vous a vu à la télé, hier soir !

— Oui…

— Ma mère, elle a dit que vous étiez pas mal conservé pour votre âge ! »

❋

« Monsieur ! On vous a vu hier, à la télé !

— Ah...

— Ma mère, elle a dit que vous faites plus jeune à la télé qu'en vrai ! »

Télévore

Je convoque Dounia (4e), qui ne veut pas aller en sortie scolaire.

« C'est pour un problème d'argent ? Si ce n'est que ça, les fonds sociaux du collège peuvent t'aider, tu sais ?!

— Pas du tout, monsieur ! C'est parce qu'on sera pas rentrés à l'heure pour TPMP[22] *! »*

22. Émission de télévision.

Tête à claques

Jean-Baptiste (6e) vient – encore – me voir :

« Monsieur ? Vous savez que je suis IP[23] !?

— Je sais, Jean-Baptiste, je sais. Tu me l'as déjà dit.

— Alors j'aimerais bien que les professeurs me montrent un peu plus de respect, s'il vous plaît... »

❋

François (6e) philosophe sur une de ses enseignantes :

« Elle n'est ni très intelligente ni très gentille avec nous, mais on n'a pas le choix. Alors on fait avec ! »

❋

23. Intellectuellement précoce.

Un des professeurs de Pierre-Louis (6e) dysfonctionne. Le Minimoy, exaspéré, me relate plusieurs faits. En conclusion, il me somme de réagir :

« Voilà. Je vous ai tout dit. Donc, comment pensez-vous gérer la situation ? »

❋

Marine (6e), l'air ingénu :

« Monsieur ! Vous avez le droit de virer un prof s'il ne fait pas son travail ?

— Ah non la miss, ça n'entre pas dans mes attributions !

— Ben il y en a qui ont de la chance alors ! »

❋

D'un geste auguste, Inès (6e) me tend un trousseau :

« Tenez monsieur, ce sont les clés de madame Linotte...

— Merci beaucoup, Inès, je vais les lui rendre tout de suite !

— Vous savez monsieur, ce n'est pas la première fois qu'elle les oublie... Vous ne croyez pas qu'elle perd un peu la tête ? »

❋

« C'est dommage, Juliette ! Tu aurais largement mérité les félicitations sur ton bulletin trimestriel... Mais il faudrait que tu te montres moins arrogante avec tes enseignants et tes camarades !

— Je m'en moque. De toute manière, ma mère m'a dit que mes professeurs ne me méritaient pas... »

❋

Charlotte (5e) approuve la décision de ses parents de la retirer du collège :

« Je vais dans le privé parce qu'ici, les profs sont insuffisants ! »

❋

Ignace (5e) a déjà tout compris du système Éducation nationale :

« Vous pouvez toujours essayer de me virer, ma mère elle voudra jamais. Et vous serez bien obligé de me laisser entrer au collège quand elle me laissera tout seul devant le portail ! »

❋

Le délégué des 4e D fouille dans son sac, en sort son cahier d'histoire-géographie, l'ouvre, me le tend et analyse le travail du professeur :

« Regardez monsieur ! Franchement, ses cours, c'est un peu léger, vous ne trouvez pas ? »

❋

La déléguée des 4e E, remontée comme une pendule, trouve que je suis trop laxiste. Elle menace d'un ton véhément :

« Il va quand même falloir se bouger, pour monsieur Tapedur. Parce que là, ce n'est plus possible ! »

Tolérance

Sihem et Hinde – toutes deux en 3e – se sont battues. Sihem avoue sans peine que c'est elle qui a commencé. Elle justifie son agressivité à l'égard de Hinde :

« C'est parce qu'à la cantine, elle a bouffé du porc ! »

Touriste

Akim (3e), mis en retenue, joue cartes sur table :

« Franchement monsieur, je vais vous dire une chose. Si je viens au collège, c'est juste parce qu'il y a une bonne ambiance dans la classe. Mais si les profs commencent à me coller parce que je fous rien, je me casse ! Alors dites-leur d'arrêter ! »

Tricheur

Ethan (5e) a été pris en train de dégonfler le pneu arrière du vélo d'un camarade. En fait, ce n'est pas du vandalisme. Il me révèle que c'est une technique – à la limite de la régularité tout de même – de compétiteur :

« C'est parce qu'on doit faire la course, ce soir, en rentrant chez nous. »

Théophile (5e), à la limite de l'hystérie :

« Monsieur ! Armand, il a triché au ping-pong ! Et à cause de ça, j'ai perdu !

— Calme-toi ! Ce n'est pas grave ! Tu n'as qu'à jouer avec un autre copain !

— Mais si c'est grave ! Parce que Caroline, elle avait dit qu'elle sortirait avec le vainqueur ! Et c'est pas juste que ce soit Armand ! »

❋

Louna (4e), main sur le cœur, m'assure de sa bonne foi :

« M'sieur je vous jure, j'ai pas copié ! La prof elle se trompe ! J'ai juste regardé si je trouvais les mêmes résultats que Célia[24] *! »*

❋

24. Sa voisine de table.

Charly (4e) ne comprend plus rien :

« Alors, la France elle se qualifie en trichant[25], c'est bien, et moi je bricole pour avoir une bonne note, c'est pas bien !? »

❋

Bastien (3e), qui jouait au baby-foot dans le foyer des collégiens, s'est sauvé en courant et s'est réfugié dans mon bureau. Essuyant des larmes de rage, il me relate les faits :

« Quand Valère a marqué avec ses demis, j'ai rien dit parce qu'il m'a dit qu'il l'avait pas fait exprès. Et pourtant, vous savez bien qu'il a pas le droit !

— … ?

— Mais là monsieur, il veut compter le but alors qu'il a fait une pissette[26] ! C'est carrément de la triche ! »

25. Allusion à la main de Thierry Henry lors du match de football France-Irlande du 18 novembre 2009.
26. Marquer avec un avant latéral.

V

comme...

Vacances

Ghislain, pauvre petit de 6e trimballé à gauche, à droite, a une opinion bien tranchée sur la durée des vacances d'été :

« Vous savez monsieur, c'est long, les vacances, tout seul ! »

❋

Le pauvre Timéo (6e) incarne la joie de vivre :

« Moi, je suis toute l'année en vacances ! Parce que chez moi, je dors sur un matelas pneumatique, comme en camping ! »

Vengeance

Les deux délégués de 3e C m'expriment leur écœurement :

« Monsieur ! Madame Pacoule, elle fait grève, et hier elle nous a dit qu'elle serait là ! On s'est levés pour rien !

— Je vous comprends et je suis sincèrement désolé pour vous, mais la loi n'oblige pas un professeur à prévenir ses élèves lorsqu'il est gréviste !

— Ouais ben qu'elle s'étonne pas si mardi prochain c'est elle qui se lève pour rien ! »

❋

Kamal (3e) m'explicite la logique qui a poussé à son exclusion de cours :

« La prof, elle m'appelle toujours "Kamel" au lieu de "Kamal". Alors moi, je l'ai appelée "madame Poilue" au lieu de "madame Coilut". »

Veste (se prendre une)

La joue toute rouge, Jean-Marc (3e) vient aux renseignements :

« Monsieur, c'est plus grave de mettre une main aux fesses ou de donner une claque ? »

Victime

Cindy (6e) arbore une nouvelle coiffure. Je commente stupidement :

« Oh ! Quel dommage ! Tu as coupé tes beaux cheveux ! »

La petite est de mon avis :

« Moi je voulais pas, mais comme j'ai pas été sage... »

Violence (au collège)

Malone (5e) a frappé un camarade. Il se retrouve dans mon bureau. Je conclus ma minute moralisatrice :

« Tu as donc conscience que, puisque tu t'es battu, tu vas être puni !?

— Je sais m'sieur, mais si je l'avais pas tapé, j'étais foutu, dans l'quartier ! »

À la suite d'une remontrance de son enseignant, Milos (4e) s'est carapaté du collège. Il revient une heure plus tard. Je le somme de s'expliquer :

« Pourquoi t'es-tu sauvé ?

— Autrement, je vous aurais frappé, vous et votre prof d'EPS ! »

❋

« C'est pour me défendre ! »,

pleurniche Oscar (4e) tandis qu'à ma demande, il sort de son sac un marteau, un tournevis, un couteau et une machette.

❋

« Qu'est-ce qu'elle t'a fait, cette porte, Asmaa ? Tu avais besoin de lui donner un grand coup de pied pour l'ouvrir ?

— J'étais vénère. Et vaut mieux dans la porte que dans un prof ! »

❋

Antonio (3e) justifie le fait qu'il a une arme blanche dans sa poche :

« C'est juste pour me défendre. Parce que Kévin m'a dit que son père va venir au collège pour me mettre une balle dans la tête ! »

Vivre ensemble

Alex (6e), haut comme trois pommes et épais comme une biscotte, se plaint d'une fille de 4e :

« Elle, c'est une vraie cougar ! »

❋

Alain (6e) n'a pas tout compris :

« Monsieur ! Rekhab, il dit que je suis une racaille et que je vends du trafic ! »

❋

Donatelle (6e), indignée :

« Vous vous rendez compte, monsieur ! Richard, il m'a traitée de "sale pute" !

— Je vais le convoquer dans mon bureau... Ne prête pas attention à ces idioties !

— Oui ! Parce qu'en plus, je me lave tous les jours ! »

⁂

8 h 00. À peine arrivé dans la cour, Mahmoud (6e) vient vers moi, en pleurs :

« Monsieur, c'est vrai que la semaine prochaine je n'aurai plus le droit de prendre le car ?

— Qu'est-ce que tu racontes ? Bien sûr que si ! Qui est-ce qui t'a mis cette idée dans la tête ?

— C'est les autres ! Ils disent que Le Pen va être élu[27] *et que je n'aurai plus le droit ! »*

⁂

27. À propos des élections présidentielles de 2002.

8 h 15. Je suis au portail et accueille les élèves.

« Bonjour Johnny ! Dis donc, je t'ai vu tout à l'heure, quand tu promenais ton chiot... Il est déjà sacrément impressionnant ! C'est un dogue ?

— Ouais ! Mon père, il l'a acheté pour bouffer ceux qui m'emmerdent !

❋

« Monsieur ! Johan, il m'a dit "fils de pute" !

— Le mieux est de ne pas prêter attention à ce genre de propos stupides, Christian.

— Oui mais si je dis rien, tout le monde va croire que c'est vrai ! »

❋

Jamila (6e), père marocain et mère alsacienne, est en pleurs. Elle m'explique pourquoi des camarades de classe la rejettent :

« Ils me disent que je suis une Blanche. »

❋

« M'sieur ! Armel, il m'a traité ! Il m'a dit que j'étais un Parisien !

— Mais ? Tu n'es pas du tout parisien ! Tu as toujours vécu en Bretagne !

— Justement ! C'est pour ça que c'est une insulte ! »

❋

Yasmina (4ᵉ), s'est fait frapper devant l'entrée du collège par le grand frère d'une « camarade ». Elle ne comprend pas que je lui déconseille de jouer à la justicière :

« Mais !? Si je règle mes comptes moi-même, ça fait moins de travail à la police ! »

❋

Anabelle (3ᵉ), encore sous le choc, me rapporte :

« Monsieur ! Il y a un petit de 6ᵉ, il m'a traitée ! »

Vocabulaire

« Monsieur, les carottes, c'est des crudités ?

— Tout à fait, Tiffany.

— Et quand elles sont cuites, c'est des cuidités ? »

Voice (The)

« Monsieur ! J'ai écouté vos chansons sur YouTube !

— Ah…

— Mais, si vous chantez, pourquoi vous n'êtes pas une star ? »

Voile

Retour de confinement. Hafida (4e) est en colère après le protocole sanitaire :

« Faudrait savoir ! On n'a pas le droit de porter le foulard au collège mais on nous oblige à porter un masque ! »

Voix de ses parents (la)

« Monsieur, vous allez voter Ségolène Royal ou Sarkozy ?

— Je ne te le dirai pas, Ronan. C'est ce que l'on appelle "le secret de l'isoloir" !

— De toute façon, je le sais : pour Ségolène Royal. Parce que mon père, il a dit que les profs, ils vont tous voter contre Sarko ! »

❋

Une élève de 6e se rebiffe :

« Mon vrai nom, je vous le dirai pas. Mon père, il veut pas.

— Mais je ne te demande pas ton vrai nom, je veux connaître ton prénom ! »

⁂

Ludovic (6e) me tend son carnet de liaison avec mon mot signé. Il bougonne :

« Mon père, il a dit que vous êtes trop gentil parce que si j'avais fait la même chose à la maison il m'en aurait collé une et j'aurais pas pu m'asseoir pendant un mois. »

⁂

Alexandra (5e), embarrassée :

« Ma mère, elle a dit que c'était à vous de m'apprendre la politesse et que c'était pas son problème et qu'elle s'en foutait si j'étais collée. »

⁂

Rayan (5e) savoure sa chance :

« Mon père, il m'a dit que j'avais du cul qu'on est en France parce qu'il m'a pas frappé parce qu'il veut plus d'emmerdes avec les flics ! »

❋

Je demande à Sarah (5e) le motif de sa dispense médicale d'EPS pour toute la durée de l'année scolaire.

« Je sais pas. Ma mère, elle a juste dit que, comme ça, ça lui évitera de se lever le lundi matin pour m'amener au collège. »

❋

« Jason, pourquoi n'as-tu pas fait signer le mot de ton professeur d'éducation musicale dans ton carnet de liaison ?

— Parce que la dernière fois, mon père a dit que la prochaine fois il viendra lui casser la gueule ! »

❋

« Tu es en retard, Morgan !

— Ouais je sais ! Mais ma mère, elle a dit que c'était pas grave et qu'avec un peu de chance ma prof sera malade ou en grève ! »

⁂

Geoffroy (5e) est hébété. Il ne comprend absolument pas pourquoi il vient d'être exclu de cours :

« Pourtant, j'ai fait ce que m'a dit mon père : je me suis mis au fond de la classe et j'ai dormi. »

⁂

Stacy (5e) a dit au cuisinier du collège que *« ce qu'on bouffe, c'est de la merde ! »*. Je l'informe que rien ne l'oblige à déjeuner au self. Pas impressionnée, elle me rétorque :

« Si ! Ma mère m'a dit que c'était toujours ça de pris ! »

⁂

Geoffroy (4e) me montre le mot – signé – que j'ai écrit dans son carnet. Je l'interroge :

« Alors ? Qu'en ont pensé tes parents ?

— Mon père, il a dit que ça lui en touchait une sans bouger l'autre. »

Voyou

Hafez, nouvel élève de 5e qui vient d'être affecté chez nous à la suite de son exclusion d'un autre collège, a – déjà – maille à partir avec une enseignante. Je le reçois dans mon bureau. Il va droit au but :

« Elle me fait pas peur. Elle le sait peut-être pas, mais j'ai déjà tabassé un prof ! »

W

comme…

Week (fashion)

Alicia (4e), conseillère en relooking :

« Nan mais m'sieur, sérieux, faut arrêter de mettre une cravate, là ! Y a plus que les vieux[27] *qui en portent, maintenant ! »*

✻

27. Mais je *suis* vieux !

Maya (3e), qui vient sans doute d'apprendre la signification de l'expression latine *in cauda venenum*[28] :

« Madame Aihitize, elle s'habille toujours à la mode... Mais à la mode des années 80 ! »

❋

Iris (3e) veut bien se montrer conciliante, mais fixe des limites à ne pas dépasser :

« O.K. monsieur. Je comprends. Vous voulez pas qu'on vienne avec des jeans troués. Mais on va quand même pas s'habiller comme madame Tayeuracaro[29] ! »

---

28. « Dans la queue le venin ». S'emploie lorsqu'un discours neutre se termine par une critique.
29. Professeure sexagénaire au look assez « traditionnel ».

Z

comme...

Zen

Une enseignante m'avoue avoir donné une claque à un élève de 6e sous le coup de la colère. Je reçois aussitôt le blessé de guerre. Je suis dans mes petits souliers et ne sais pas trop comment aborder le sujet avec le petit. Mais lui a déjà oublié l'incident et n'est pas traumatisé pour deux sous :

« Oh, c'est rien, monsieur ! Faut pas en vouloir à la prof ! Elle avait ses nerfs, c'est tout ! »

Germain (5e) dresse un constat sans appel :

« De plus en plus, les profs, ils sont de moins en moins cool ! »

❋

Dans les vestiaires du gymnase, Hervé (5e) a pris les chaussures d'un camarade et les a mises sous la douche. D'après lui, il n'y a rien de dramatique, ce n'était qu'une bonne blague :

« Ça va ! C'est pas l'affaire du siècle ! Quand il pleut, on a tous les pieds trempés et on va pas pleurer notr' mère ! »

❋

Hamid (4e) est – encore – dans mon bureau…

« Qu'est-ce que tu vas devenir plus tard, Hamid, si tu continues comme ça ?

— J'en sais rien... Je ferai comme mes parents : je toucherai les allocs ! »

❋

À la suite de sa grosse bêtise, j'avertis Edwin (5e) qu'il risque d'avoir des ennuis avec la police. Il me rassure :

« Oh ! Vous en faites pas monsieur ! J'ai l'habitude ! »

Je convoque Moncef (4e) pour un recadrage en règle :

« Le conseil de classe t'a mis une "mise en garde conduite" et une "mise en garde travail" ! Tu comprends ce que cela signifie ?

— Ben ouais ! Je suis pas idiot non plus ! Et vous croyez que ça va changer ma vie ? »

Zoo

Lucille (3e) veut me parler. Je l'invite à s'asseoir. Elle s'affale sur la chaise en poussant un gros soupir, dépitée.

« Monsieur ! Ça ne peut plus continuer comme ça, avec madame Planadonf ! Impossible de suivre le cours ! Depuis septembre, on n'a pratiquement rien fait en physique ! Il y en a qui poussent des cris d'animaux ! Elle est complètement débordée ! Il faut absolument que vous fassiez quelque chose ! »

ISBN : 9782380153224
Dépôt légal : janvier 2022

Achevé d'imprimer en janvier 2022 en Espagne par Liberdúplex